AF139391

Johannes Christoph Konigorski

1 MONAT DEUTSCHLAND OHNE GELD
EGAL WOHIN

oder

Mit
Cinderella und Alice
im Wunderland

Ein modernes Märchen,
das WAHR wurde

Dieses Buch widme ich meiner Familie,
meiner Frau,
meinem Sohn Matthias,
meinen Töchtern Kathrin und Sarah.

Zu meiner Person:

Johannes Konigorski, 53 Jahre alt, Ehemann, Familienvater von drei erwachsenen Kindern, pensionierter Polizeibeamter, Mitbegründer des mildtätigen Klever Vereins pro dogbo e. V., der sich im westafrikanischen Benin für Kinder und Jugendliche insbesondere im Bereich Schul- und Berufsausbildung engagiert.

Meine Ziele:
Erfahrungen aus neuen Blickwinkeln machen, fremde Menschen und ihre Lebenssituationen kennenlernen, ihre unterschiedlichen Reaktionen erfahren, einmal für einen Zeitraum aus der gewohnten Sicherheit meines bisherigen Lebens ausbrechen und in die Abhängigkeit auf Hilfe und Unterstützung durch fremde Personen hineinschlüpfen, Natur erleben, mich selbst erfahren, Spenden für meinen Verein pro dogbo e. V. sammeln, mich überraschen lassen…

Meine Ausrüstung:

...ck, Zelt, Schlaf-
..., Luftmatratze, Iso-
Matte, 2 Trinkflaschen,
Kopfkissen, Wanderstö-
cke, Regenschirm, 2 Rol-
len Toilettenpapier, 3 T-
Shirts, Sportpullover, 3
Paar Strümpfe, 6 Unterho-
sen, Wind-/Regenjacke, 2
Fleecejacken, Allwetterho-
se, langärmeliges Unter-
hemd, Hygienebeutel mit
Inhalt, Wanderschuhe,
Schreibblock, Kugel-
schreiber, Schüssel, Be-
cher, Besteck, Umhängetasche, Familienfotos,
Gürteltasche, Personalausweis, Reisepass, Digi-
talkamera, Handy, Reflektor, Ladegerät, Batte-
rien, Jutetaschen, LED-Lampe, pro dogbo e. V.
Spendendose und Infomaterial, Magnesium-
Brause-Tabletten, Notgroschen.
Die Grundausstattung wie Rucksack, Schlafsack, Kopfkissen, Fleecejacken, Regenjacke,
Schuhe, Hose, Geschirr etc. habe ich von meinem Sohn Matthias geliehen bekommen.

Meine aktuelle Gefühlssituation am 03. November 2014, einen Tag vor Reisebeginn, ist eine
gespannte Erwartungshaltung.
Wird es wirklich funktionieren? Ohne „normalen" Zugriff auf Geld, Strom, Wasser, Toilette,
Nahrung, Haus, Wärme, Familie und Freunde?

Inhalt

Dienstag, 04. November 2014 (1. Tag)

Um 07:00 Uhr geht es los – immer der Sonne entgegen. Meine mitgenommene Verpflegung besteht aus zuvor auf dem Städtischen Friedhof in Kleve gesammelten, geknackten, getrockneten und gerösteten Haselnüssen, die ich in kleine Plastikdosen gepackt habe und einem Apfel. Mein erster Weg führt mich über die Königsallee zur Bäckerei „Voß", wo ich die Inhaberin kenne bzw. sie mich wohl auch kennt. Dort fällt mir das Fragen um ein geschenktes Brötchen zur Unterstützung meiner Aktion noch relativ leicht und die Inhaberin ist, da sie meine Aktion so originell findet, gerne bereit, mir ein Brötchen zu schenken. Als ich darauf hinweise, dass ich auch gerne ein Brötchen vom Vortag oder eine Brotkante annehmen würde, besteht sie jedoch darauf, dass ich mir ein frisches, gebackenes Brötchen auswähle. Ich entscheide mich für ein „Sonnen-Krusti".
Ich laufe weiter bis zur Kreuzung Königsallee Ecke Materborner Allee, von wo aus ich zu trampen gedenke. Dort ist die Bäckerei „Scholten", bei der ich ebenfalls meine Aktion vorstelle und darum bitte, mir ein Brötchen zu schenken. Die Mitarbeiterin, die mich nicht kennt, möchte mir gern ein Brötchen geben, ist sich aber zunächst unsicher, ob sie dies wirklich tun darf, da sie ja „nur" Angestellte ist. Nach kurzer Überlegung entscheidet sie sich, mir das Brötchen zu schenken, da sie davon ausgeht, dass ihr Chef in dieser Situation ebenso gehandelt hätte.

Ich positioniere mich also an der Kreuzung und hoffe, dass mich jemand in seinem Fahrzeug mitnimmt. Während ich an der Kreuzung stehe, halten viele Fahrzeuge an der Ampel und sehen mein Hinweisschild: „1 MONAT DEUTSCHLAND OHNE GELD" welches ich an meinem Rucksack deutlich sichtbar angebracht habe. Viele gucken erstaunt, lachen dann und weisen ihre Mitfahrer auf mein Schild hin. Dann fahren sie weiter. Einem jungen Mann, der mit seinem Fahrrad ebenfalls vor der Ampel hält und mein Schild sieht, geht es ebenso. Ich nutze die Gelegenheit und spreche ihn an, um ihn zu fragen, was dieser Zettel in ihm ausgelöst hat. „Das Erste, was in mir hoch kam, war das Gefühl von Freiheit", sagt er und wünscht mir für meine Reise alles Gute.

Um 08:15 Uhr werde ich von einem Bekannten, der in Kleve einen Schreinerbetrieb hat und zu einer Baustelle nach Düsseldorf fährt, mitgenommen. Der erste Schritt in die Ungewissheit ist geschafft. Ab jetzt, so denke ich, werde ich keine Leute mehr treffen, die mir helfen, weil sie mich kennen.

Um 10:30 Uhr kommen wir in Düsseldorf an und ich lasse mich an der Tiergartenstraße absetzen. Von dort zeigt mir ein Hinweisschild als nächstes den Weg in Richtung Ratingen, wobei mir einfällt, dass dort mein Bruder Martin mit seiner Familie wohnt und es vielleicht ratsam ist, für den ersten Tag doch ein vertrautes Ziel anzulaufen. Nach einigen hundert Metern finde ich eine Pfanddose und nur wenige Meter weiter den dazu passenden Kiosk, an dem ich die Pfanddose einlösen kann. So wandern die ersten 25 Cent in die von mir mitgenommene pro-dogbo-Spendendose. Bis 11:30 Uhr finde ich am Wegesrand weitere 5 Bierflaschen, die ich an der nächstgelegenen Tankstelle gegen 32 Cent Pfand eintauschen kann, die ebenfalls in die Spendendose wandern.

Um 11:45 Uhr ruft mir in Rather Broich beim Überqueren einer Fußgängerampel ein Mann mit Fahrrad aus ca. 15 Meter Entfernung von der gegenüberliegenden Straßenseite zu: „Wohin geht's denn? Den Jacobsweg?" „Erst mal durch Deutschland", antworte ich. Als ich meinen Weg entlang der Hauptstraße weiter fortsetzen will ruft er mich erneut an. „Nach Ratingen gehen sie besser hier lang. Dann unter der Unterführung durch, im Zickzack, und dann schön am See vorbei!" „Woher weiß er, dass ich nach Ratingen will", frage ich mich. Ich hatte ihm doch gar nicht gesagt, dass ich in Richtung Ratingen laufen wollte. Ich folgte lediglich dem Weg, den mir mein Landkartenprogramm vorgeschlagen hatte. „Der andere Weg geht nur an der Hauptstraße mit viel Verkehr vorbei", sagt er und ich folge seinem Vorschlag und bedanke mich. Als ich erneut weitergehen will, ruft er mir nochmals zu: „Haben Sie denn genug zu essen bei sich?" „Ich habe schon zwei Brötchen", antworte ich ihm. Er beginnt in seinem Rucksack, den er hinten auf seinem Fahrrad transportiert, zu kramen. Ich stehe jetzt neben ihm. Er riecht etwas nach Alkohol. Aus seinem Rucksack zaubert er eine

Plastiktüte hervor. Darin hat er zwei Pakete mit Fleischwurst und in Alufolie eingepackt hat er zwei Wiener Würstchen. Diese schenkt er mir, obwohl er mein Schild gar nicht gesehen haben kann. Einfach so! Ich ermahne ihn, doch auch an sich zu denken. „Ich komme schon durch", sagt er und empfiehlt mir zumindest ein Würstchen sofort zu essen. Sie gäben mir Kraft und der Weg zum See sei noch recht weit. Ich befolge also seinen Rat und esse eines der beiden Würstchen noch in seinem Sichtbereich auf und tatsächlich spüre ich, wie es mir sofort neue Kraft gibt. Als ich die Wurst gegessen habe und dadurch auch schon gesättigt bin, stecke ich die zweite Wurst für später in meine Jutetasche.

Es ist 12:00 Uhr, als irgendetwas in mir sagt, dass ich die Straßenseite wechseln soll, ohne dass ich mir das so recht erklären kann. Dennoch folge ich meiner inneren Stimme und wechsle die Straßenseite. Zu meiner großen Überraschung entdecke ich dort an einem Zaun sechs Pfandflaschen. Sie stehen schön ordentlich in einer Reihe aufgestellt, auf mich wartend – so scheint es mir.

Ich merke, dass es wichtig ist, in meine innere Ruhe zu kommen, damit ich lerne auf meine „innere Stimme" zu hören. Besser gesagt, sie überhaupt wahrnehmen zu können. Noch besser gesagt, sie als wahr, also tatsächlich existierend, annehmen zu können. Diese Stimme wahrnehmen zu können, ist ein echtes Geschenk. Völlig egal, als was man diese innere Stimme auch bezeichnen mag: als Stimme Gottes, als Stimme von Ahnen oder als Stimme von Engeln, Schutzengeln etc. – fest steht, dass diese Stimme dabei hilft, aufmerksamer, bewusster zu leben.

Nach einiger Zeit, als ich gerade darüber nachdenke, dass ich die Pfandflaschen gerne eintauschen würde, komme ich an einen Kiosk. Der moslemische Kiosk-Betreiber kann die Flaschen nicht eintauschen, da er keine alkoholischen Getränke verkauft. Er weist mir jedoch den kürzesten Weg zum „Kaufpark", wo ich die Flaschen gegen 47 Cent eintausche.

Um 12:15 Uhr stelle ich mich erstmals in Rath, im Bereich einer von Fußgängern gut frequentierten Straße, mit meiner Spendendose und einem Flyer in der Hand auf. Viele Leute laufen an mir vorbei, ohne Notiz von mir zu nehmen. Manche schauen kurz zu mir herüber und sofort wieder weg, wenn sie merken, dass auch ich sie anschaue. Nach ca. 15 Minuten kommt eine junge Frau, die zunächst an mir vorüber gelaufen ist, wieder zu mir zurück und steckt 3 Euro in die Spendendose. Mich interessiert natürlich die Motivation der Menschen, warum sie mir bzw. meinem Verein Geld spenden, obwohl sie weder mich noch meinen Verein kennen. Deshalb möchte ich auch mit ihnen ins Gespräch kommen. Die junge Frau erzählt mir, dass sie selbst Afrikanerin ist und aus Algerien stammt. Die zweite Person, die mir einen Euro in die Spendendose wirft, ist ein älterer Mann mit Namen Abraham, ein Schwarzer aus Eritrea. Wir unterhalten uns eine ganze Weile über die Welt im

Allgemeinen und Afrika im Besonderen. Eine weitere Spende in Höhe von 1 Euro erhalte ich von einer älteren weißen Dame, die jedoch keine weitere Konversation wünscht.

Um 13:30 Uhr werde ich, immer noch mit meiner Spendendose dort stehend, von einer anderen älteren Dame angesprochen, die mir mitteilt, dass in dieser Gegend in der letzten Zeit zahlreiche Personen überfallen und ausgeraubt worden seien. Die Zahl der Rauschmittelkonsumenten sei hier besonders hoch. Sie erkundigt sich nach meinem Vorhaben und bietet an, mir ein Brötchen zu besorgen. Sie verschwindet für kurze Zeit und kommt dann mit einer Tüte mit fünf weichen, zum Teil mit Spinat bzw. Schafskäse gefüllten Brötchen wieder zurück. Sie bittet mich, ihren Namen und ihre Handynummer aufzuschreiben. Ich könne sie jederzeit anrufen und mich, wenn ich wieder hierher käme, gerne bei ihr melden. Dann zeigt sie mir noch den weiteren Weg in Richtung Ratingen.

Ich bedanke mich und verabschiede mich von ihr.

Ich laufe also weiter in Richtung Ratingen und bemerke nach einiger Zeit, dass diese Straße den Namen „Reichswaldallee" trägt. Eine erste Erinnerung an zu Hause, bin ich doch in Reichswalde geboren und wohne in unmittelbarer Nähe des Reichswaldes. Meine Gedanken wandern nach Hause und ich schicke drei Gedanken bzw. Wünsche auf die Reise dorthin.

Um 14:27 Uhr finde ich fein säuberlich am Wegesrand liegend, als hätte sie dort jemand extra für mich hingelegt, sechs in Aluminium verpackte Teebeutel „Persischer Apfeltee".

Um 14:36 Uhr liegen drei dicke Haselnüsse direkt vor mir mitten auf dem Fußweg, als hätte sie dort jemand ebenfalls extra für mich hingelegt. Ich hebe sie auf und stecke sie ein. „Gab es da nicht ein Märchen, bei dem es um drei Nüsse ging, für die man jeweils einen Wunsch frei hatte?", geht es mir durch den Kopf.

Es heißt: „Drei Haselnüsse für Aschenbrödel", wie ich später recherchiere. Keine zehn Meter weiter liegen drei große Steine. Auf einen von ihnen setze ich mich, um mich ein wenig auszuruhen. Als ich wieder weitergehen will, sagt etwas in mir, dass ich doch noch mal zu dem Haselnussbaum zurückgehen soll, wo ich die drei Haselnüsse gefunden habe. „Klar", denke ich, „wo drei Haselnüsse sind, sollten wohl auch noch mehr sein." Ich folge also meinem inneren Impuls und gehe zum Haselnussbaum zurück, finde jedoch keine einzige Haselnuss mehr unter dem großen Baum! Stattdessen liegt dort eine weitere Bierflasche, die ich einstecke. Das Merkwürdige an der Bierflasche ist, dass sie völlig trocken ist, als wäre sie soeben erst dort abgelegt worden, obwohl es doch den ganzen Tag hindurch nieselt.

Ich bin froh, dass ich von zu Hause einen Regenschirm mitgenommen habe. Hin und wieder genieße ich es jedoch, auch ohne Regenschirm zu laufen und freue mich über die dicken Regentropfen, die mir von den Bäumen auf den Kopf fallen.

Es ist 14:45 Uhr. Ich beginne meine Oberschen-
kel zu spüren. Auf Grund der bereits erhaltenen
Geschenke habe ich nun schwerer zu tragen als
zu Beginn. „Wie schwer wird mein Gepäck wohl
sein", frage ich mich. Zuhause hatte ich vergessen, es zu wiegen. Ich schätze es auf 20 bis 25
Kilogramm. Mir fällt auf, dass ich den ganzen
Tag über noch nichts getrunken und auch außer
dem einen Würstchen noch nichts gegessen
habe. 15:00 Uhr. Ich stehe auf einer Brücke.
„Bergisch-Rheinischer Wasserverband Nr. 177
Schwarzbach", steht auf einem Schild. Ich lausche dem Rauschen des Baches.
Ich gehe weiter und sehe eine Mandarine und
einen Apfel am Wegesrand. Ich lasse sie liegen,
verspüre keinen Hunger und trage ja bereits
mehr, als ich für heute benötige, mit mir herum.
Doch nach ca. 50 Metern höre ich meine innere
Stimme sagen: „Sei nicht undankbar, sondern
dankbar! Diese beiden Obststücke sind ein Geschenk an dich!" Ich höre also auf meine innere
Stimme und wandere die 50 Meter wieder zurück, hebe den Apfel und die Mandarine auf,
schäle sie beide und esse sie genussvoll auf.
„Das hättest du auch einfacher haben können.
Die 100 Meter hättest du dir sparen können",
höre ich meine innere Stimme sagen. „Ist ja gut.
Ich werde mich bessern", antworte ich mir
selbst. Da sehe ich nur ein kleines Stück weiter
noch einen dicken rotgelben Apfel im Gras liegen. Ich hebe ihn auf und stecke ihn für später
ein.

15:30 Uhr komme ich an die nächste Tankstelle, an der ich die Bierflasche gegen 8 Cent für die Spendendose eintausche.

In Ratingen-Mitte angekommen, schaue ich mich nach einer Möglichkeit um, auszuruhen. Es gibt Bushaltestellen mit Sitzmöglichkeiten, doch ich entschließe mich in der Arztpraxis von Dr. med. Buder (phonetisch: Buddha) zu fragen, ob ich mich vielleicht auf einem der Stühle im Wartezimmer oder Vorraum für eine Weile hinsetzen darf. „Ja, gerne", bekomme ich zur Antwort. „Wollen Sie vielleicht auch einen Kaffee?", fragt mich die Arzthelferin. Ich bin etwas überrascht. Ich verweise auf meine Aktion und darauf, dass ich für den Kaffee nicht bezahlen kann. „Kein Problem", sagt sie und eilt los, mir eine Tasse heißen Kaffee mit Milch und Zucker zu besorgen. Einige Patienten, die warten müssen, sind aufmerksam geworden und erkundigen sich bei mir nach der Aktion, meiner Motivation etc.. Sie plaudern dann mit mir auch über ihre Vereinsarbeit, nachdem sie von meinem Engagement für pro dogbo e. V. gehört haben. Auf meiner Kaffeetasse ist ein hellblaues Herz und darunter steht: SPIRIVA. „Das ist ein Medikament für die Lunge", erklärt mir die Arzthelferin. Ich hatte „Spiriva" mit spirituell assoziiert.

In der Praxis prüfe ich die weitere Wegbeschreibung und spreche darüber auch mit der Arzthelferin. Als sie von mir „Ulmenweg" hört, sagt sie, dass sie diesen Weg nicht kenne, sondern lediglich eine Ulmenstraße. Da werde ich hellhörig und überprüfe die Adresse meines Bruders noch einmal. Ich hatte in meinem Programm Ulmenweg angeklickt und nicht bemerkt, dass es eigentlich Ulmenstraße heißen muss. Die Praxis ist genau die Schnittstelle zwischen beiden Straßen, ab der ich nun genau in die falsche Richtung gelaufen wäre. Ca. 6 km. So wäre ich heute nicht mehr bei meinem Bruder angekommen. Die Ulmenstraße liegt ebenfalls noch ca. 6 km entfernt, jedoch in ganz anderer Richtung. Ein Zufall, dass wir darüber gesprochen haben?

Ich stehe vor der Praxis und will über die Straße zu den Bushaltestellen gehen, als ich von einem jungen Pärchen angesprochen werde. Er ist Afrikaner aus Eritrea, sie blond und hellhäutig. Er erkundigt sich nach meiner Aktion, weil er das Schild auf der Rückseite meines Rucksackes gelesen hat. Wir unterhalten uns kurz und er bietet mir an, sollte ich auf meiner Rückreise in Düsseldorf eine Unterkunft benötigen, mir eine solche über die „Arche Noah" zu besorgen und gibt mir seine Handynummer.

Wir verabschieden uns und ich gehe zur Bushaltestelle, um auf einer Sitzfläche meine Notizen zu ergänzen. Ich setze mich und – finde zwei Cent – für meine Spendendose.

Dann geht es weiter in Richtung Ratingen-Homberg. Es ist bereits 16:40 Uhr. Es beginnt zu dunkeln. Eine junge Frau mit Kind überholt mich, lächelt mir zu und sie steigen, ca. 15 Meter weiter, in ein Auto. Ich bekomme den Impuls, sie zu fragen, ob sie vielleicht in Richtung Homberg fahren. „Leider nicht", sagt sie „sonst hätten wir Sie gerne mitgenommen." Es geht seit der Praxis in Ratingen-Mitte immer nur bergauf. Jetzt weiß ich, warum es Hom*berg* heißt. An der Tankstelle kurz vor dem Ortseingang kann ich fast nicht mehr weiter. Meine Waden kündigen bereits Krämpfe an. Ca. 50 Meter vor dem Ziel kommt plötzlich ein Berner-Sennenhund auf mich zu gerannt und begrüßt mich wie einen alten Freund, obwohl wir uns überhaupt nicht kennen. Um 18:00 Uhr in völliger Dunkelheit erreiche ich schließlich doch mein Ziel, nicht wissend, ob sie wirklich zu Hause sind. Überglücklich bin ich, als mir meine Schwägerin Birgit die Tür öffnet und mir Einlass gewährt. Auch glücklich bin ich darüber, eine Rolle Magnesium-Brause-Tabletten mitgenommen zu haben, von denen ich mir nun zwei in Wasser auflöse und trinke. Mein Neffe Manuel errechnet mir, dass ich heute eine Gesamtstrecke von 105 Kilometern zurückgelegt habe, von denen ich mit Gepäck 17 Kilometer gewandert bin. Als Zweites darf ich erst einmal duschen, was ich mit Freuden annehme. Danach gibt es Abendessen: Salat, Bratkartoffeln und Spiegelei. Mein Bruder ist inzwischen auch eingetroffen. Dann wäscht meine Schwägerin sogar noch meine durchschwitzte Tageswäsche und bereitet mein Bett im Büro vor. Alle scheinen glücklich zu sein, dass ich es bis zu ihnen geschafft habe.

Um Punkt 00:00 Uhr wache ich auf. Mein Blick fällt auf zwei Bücher, die direkt neben meinem Bett liegen. Die Titel lauten: „Wenn die Liebe Hilfe braucht" von Roland Weber und „Abschalten" von Martin Suter. Obwohl ich nur zwei

Stunden geschlafen habe, fühle ich mich schon wieder fit. Nur die Angst vor möglichen Krämpfen lässt mich stets wach werden, bevor ich mich im Bett umdrehe. Wenn ich die Beine im Bett strecke vibrieren alle Muskeln. Um 03:00 Uhr wache ich erneut auf und liege eine Zeit lang wach, die Ruhe genießend. Ich bin dankbar für den vergangenen Tag und die Erfahrungen, die ich machen durfte. Um 05:00 Uhr wache ich nochmals auf. Endlich spüre ich auch die Ruhe In mir. Einigen Verwandten und Freunden hatte ich von meiner geplanten Tour erzählt und sie darum gebeten, von Kontaktaufnahmen während dieser Zeit abzusehen.

Mittwoch, 05. November 2014 (2. Tag.)

Die Zeit zu einem gemeinsamen Frühstück reicht leider heute bei allen Familienmitgliedern meines Bruders nicht. So frühstücke ich eines der mir geschenkten Brötchen alleine und trinke eine Tasse Tee dazu.

Meine Schwägerin hat mir eine Karte mit einem vierblättrigen Kleeblatt in meinen Rucksack gesteckt. „Für später", sagt sie, als wir uns um 07:30 Uhr verabschieden. Als ich die Karte später unterwegs lese, steht dort: Wer das Ziel kennt, kann entscheiden. Wer entscheidet, findet Ruhe. Wer Ruhe findet, ist sicher. Wer sicher ist, kann überlegen. Wer überlegt, kann verbessern. Dann folgt noch ein persönlicher Gruß.

Ich laufe zur nächstgelegenen Tankstelle. Von dort will ich probieren, mitgenommen zu werden. Der Fahrer des ersten Autos sieht mich und schüttelt gleich verneinend mit dem Kopf, obwohl ich ihn gar nicht angesprochen habe. Der Fahrer des zweiten Fahrzeugs, ein Handwerker mit Kleinbus, bietet mir an, mich wieder mit nach Ratingen zu nehmen. Während der Fahrt unterhalten wir uns über meine Aktion und über pro dogbo. Er erzählt mir von seinen Unternehmungen in jungen Jahren. Dann erzählt er mir, dass er für die Ratinger „Tafel" Brot ausfährt. Ehrenamtlich. Er berichtet mir, dass es in Ratingen ca. 5000 Obdachlose gibt und einen hohen Ausländeranteil aus verschiedensten Nationen. Er fährt mich zum Busbahnhof, nachdem er bei der „Tafel" die Brote abgeliefert hat. Zum

Schluss schenkt er mir noch zwei große Brote, zwei eingeschweißte Stücke rohen Schinken und ein Stück Salami. Dann zückt er noch sein Portemonnaie und steckt mir 5 Euro in die Spendendose.

Um 08:00 Uhr stelle ich mich vor die bereits geöffnete und reichlich aufgesuchte Bäckerei Kamps in Ratingen. Ich stelle mich vor eine Betonsäule und halte meine Spendendose in der einen und den pro-dogbo-Flyer in der anderen Hand. Die meisten Menschen laufen mit extremer Zielstrebigkeit auf die Verkaufstheke zu und nehmen weder mich noch sonst irgendetwas um sich herum wahr. Eineinhalb Stunden stehe ich so in der Kälte und beobachte die Menschen. Keiner spricht mich an. Eine Gruppe von ca. 15 Schülern (ca. 16-18 Jahre alt) kommt gleichzeitig zur Bäckerei. Sie müssen somit automatisch warten, bis sie dran sind. Auch von ihnen bemerkt mich kaum einer. Viel zu sehr sind sie mit ihren Handys beschäftigt.

Um 09:30 Uhr breche ich ab und überlege, wie ich heute weiter vorgehen soll. Ich beschließe erneut in Richtung Homberg zu laufen, da ich weiß, dass es von dort zur Autobahn geht. Auf dem Weg dorthin finde ich eine silberfarbene gut erhaltene tunesische Münze, die zwei offene Hände zeigt. In der rechten Hand liegt eine Ähre und in der anderen Obst oder Gemüse, Tomaten oder Mandarinen. Eine zufällige Erinnerung an mich, dass ich etwas essen soll? Während ich erneut ständig bergauf in Richtung Homberg laufe, versuche ich immer zu trampen. Nach einiger Zeit nimmt mich ein türkisch aussehender Mann bis zur Autobahnauffahrt mit und wendet sogar noch einmal, um mich sicherer aus dem Fahrzeug steigen zu lassen. Ich halte also wieder meine Hand ausgestreckt und den Daumen hoch, um mitgenommen zu werden.

Das zweite Fahrzeug hält an und nimmt mich um 11:00 Uhr mit nach Wülfrath. In Wülfrath, einem kleinen, beschaulichen und gemütlichen Ort, wie mir scheint, laufe ich durch die Fußgängerzone. Vor dem Altstadt-Café sitzt ein älterer Mann und liest den Text meines Schildes laut vor, als ich an ihm vorbeigelaufen bin. Ich gehe zu ihm zurück und frage ihn, ob ich mich einen Moment zu ihm setzen darf. Wir unterhalten uns und er weiß viel zu erzählen. Er kennt sich bestens aus in der Welt und weiß auch einiges über den Jacobsweg. Er spendiert mir einen Kaffee. Während wir uns weiter unterhalten, werden immer wieder Passanten auf mein Schild aufmerksam und fragen nach, ob das denn überhaupt möglich ist. Ob so etwas denn funktionieren kann. Fragen, die ich mir ja auch gestellt habe. Eine Frau kommt auf mich zu und möchte mir gerne einen Euro schenken. „Ja, wenn Sie doch kein Geld haben", sagt sie. Ich erkläre ihr, dass ich kein Geld von ihr annehmen könne, sie jedoch den Euro gerne in meine Spendendose stecken kann, was sie dann auch tut. Danach unterhalten wir uns noch weiter und entdecken unsere gemeinsamen polnischen Wurzeln.

Eine andere Frau erkundigt sich nach den bisherigen Erfahrungen und interessiert sich besonders für die Übernachtungen, zu denen ich ihr bisher noch keine Erfahrungen mitteilen kann. Mal sehen, wie und wo ich heute Nacht schlafen werde. Es beginnt zu nieseln. Die Kirchenglocken schlagen 12:00 Uhr. Ich laufe weiter, bis ich zu einer Hauptstraße komme, die aus der Stadt hinausführt. Nach zwei Stunden und mehr als dreihundert Fahrzeugen, von denen mich keines mitgenommen hat, kommt eine junge Frau (25 Jahre) gegen 14:00 Uhr und nimmt mich mit. Sie hat mich gesehen, gedreht und ist extra zu mir zurückgekommen. Sie steht auf der gegenüberliegenden Straßenseite und ruft herüber: „Wohin denn?" „Egal", rufe ich zurück. „Ok" sagt sie „Dann geht´s nach Solingen bzw. noch weiter bis nach Leichlingen." So fährt sie mich bis nach Leichlingen, wo sie mich in der Nähe der Wupper an einem Wanderweg herauslässt. Als „Dankeschön" schenke ich ihr eine Dose mit meinen selbst gesammelten, geknackten, getrockneten und gerösteten Haselnüssen, die sie begeistert und dankbar annimmt. Ich steige aus, lege meine Sachen an den Straßenrand, bedanke mich und bereite mich dann auf meine Wanderung entlang der Wupper durchs Naturschutzgebiet vor, um dort eine Möglichkeit für eine Übernachtung zu suchen. Als ich noch meine Sachen auflade kommt eine Frau mit ihren beiden Hunden, die mich zu meiner Verwunderung sofort anbellen und auch nicht von alleine damit aufhören wollen. Darüber kommen wir beide miteinander ins Gespräch und gehen gemeinsam die Wupper entlang. Nachdem sich die Hunde einigermaßen beruhigt haben, erklärt mir diese Frau die Gegend, die wir durchlaufen und meine Möglichkeiten, hier eine geeignete kostenlose Schlafstätte bzw. einen kostenlosen Platz für mein Zelt zu finden. An der Brücke über die Wupper verabschieden wir uns und so gehe ich „über die Wupper", da auf der anderen Seite einige Häuser stehen, bei denen ich hoffe, eine Rasenfläche oder eine Weide als Zeltplatz nutzen zu können. An einigen Vorschlägen meiner Wegbegleiterin laufe ich vorbei, ohne anzufragen, da mir mein Gefühl sagt, dass dort nicht meine heutige Schlafstätte sein soll. Ich erreiche Friedrichstal. Vor mir biegt ein Fahrzeug in eine Hauseinfahrt.

Das ist für mich der Impuls, hier um eine Übernachtungsmöglichkeit anzufragen. Der Fahrer teilt mir mit, dass es auf Grund des Naturschutzgebietes verboten ist, an den Ufern der Wupper zu zelten. Ein Nachbar kommt hinzu und man überlegt gemeinsam, wie man mir helfen kann. Der Nachbar möchte mir 5 Euro zustecken. Nachdem ich auch ihm erklärt habe, dass ich kein Geld für mich annehmen kann, ist auch er bereit, die 5 Euro in die Spendendose zu stecken. Schließlich schlagen sie mir vor, doch bei dem allerletzten Haus, bei Guido, zu fragen, ob ich bei ihm, auf seinem Privatgrundstück mein Zelt aufschlagen darf. Ich suche also das letzte Haus auf. Es begrüßt mich ein kleiner Hund und eine dunkelhäutige Frau erscheint in der unverschlossenen Haustür. Auf meine Frage, ob ich vielleicht mein Zelt auf ihrem Grundstück für eine Nacht aufschlagen darf, antwortet sie, dass ich dazu ihren Vermieter fragen müsse, der noch ein Haus hinter dem ihren, also eigentlich im Garten, wohnt. Also gehe ich weiter durch das Gartentor, welches die beiden Häuser miteinander verbindet. Ich klopfe an der Haustür, da ich keine Klingel entdecken kann. Nichts rührt sich. Alles ist dunkel. Das letzte Haus. Meine letzte Hoffnung. Bald wird es dunkel. Ein Auto steht vor dem separaten Eingang zu diesem Haus. Ich gehe wieder zur Nachbarin zurück. Die Frau wartet noch auf mich und fordert mich auf, das Gartentor wieder zu schließen, da sie Angst vor dem Hund hat. Welcher Hund, denke ich, als ich auch schon einen Boxerrüden hinter mir herlaufen sehe. Ich schließe also das Gartentor und begrüße den Boxer, der freudig auf mich zukommt und verstehe die Angst der Frau nicht, die ja selbst einen Hund hat. „Da das Auto da ist, der Hund da ist, muss der Besitzer auch da sein", sagt sie und fordert mich auf, nun das richtige Eingangstor von außen zu benutzen. Dort finde ich dann auch die vermisste Klingel und kurze Zeit später erscheint auch der Besitzer. Guido ist, nachdem ich ihm kurz meine Situation erklärt habe, sofort begeistert. Während ich noch überlege, welche Rasenfläche wohl am ehesten für mein Zelt geeignet ist, führt er mich schon in ein massives Haus im rückwärtigen Bereich des Gartens. „Natürlich können Sie bei mir übernachten", sagt er. Hier im Gartenhaus steht ein Bett. Es gibt eine Dusche, ein WC, eine eigene Küche und zu meiner Überraschung viele afrikanische Kunstwerke. Richtige afrikanische Antiquitäten. Millionen Jahre alte versteinerte Bäume und Vieles mehr. Sofort fühle ich mich hier wohl und es kommt mir vor, als würden wir uns schon viele Jahre kennen. Zunächst bin ich völlig überwältigt, ob dieser Herzlichkeit mir als Fremdem gegenüber und bekomme eine Zeit lang keinen Ton heraus. Guido hilft mir und erzählt von Afrika, von seinen Erfahrungen. Wir verstehen uns auf Anhieb. Schnell wechseln wir zum Du. Der Boxer weicht nicht mehr von meiner Seite, als ob er merkt, dass ich seine Nähe gerade wirklich gut gebrauchen kann. Wir schmusen ausgiebig miteinander. Dann trinken Guido und ich gemeinsam eine Tasse Tee und er sucht noch nach weiteren Dingen, um mir weitere Freuden zu bereiten. Ich bitte ihn mehrfach, meinetwegen keine Umstände zu machen und versuche ihm klarzumachen, dass ich auch mit geringsten Mitteln zufrieden bin. Seine Freude über mein Dasein ist für mich ein wirklich herzliches Gefühl. Einen für den kommenden Tag feststehenden Termin verlegt er kurzerhand und besteht darauf, mich am kommenden Morgen nach Wuppertal zu fahren, von wo aus mein dritter Tag dann seinen Lauf nehmen soll. Sein Angebot, doch ruhig mehrere Tage bei ihm zu bleiben, hatte ich bereits dankend abgelehnt, da ich für mich beschlossen hatte, an jedem Ort nur eine Nacht zu verbringen, um möglichst viele verschiedene Erfahrungen machen zu können. Da er diese Nacht selber nicht zu

Hause verbringt, lässt er mich im Gartenhaus zurück und wir verabreden uns für 10:00 Uhr des kommenden Tages.

Zwischendurch hat er noch kurz mit einer Bekannten telefoniert und über unser zufälliges Zusammentreffen gesprochen. Er hatte ihr von meinem Verein pro dogbo e. V. erzählt und eine spontane Spendenzusage erhalten, die er morgen vorstrecken will. Er erzählt mir dies alles voll Begeisterung und Freude und doch, als wenn es eine Selbstverständlichkeit wäre. Er überlässt mir den Hausschlüssel. Nachdem er und der Boxer gegangen sind, bin ich allein. Ich könnte Radio hören. Doch ich genieße es hier, direkt am Ufer der Wupper, in aller Ruhe bei mir selbst sein und meine Gedanken und Erlebnisse verarbeiten zu können. Kurz bevor er gegangen ist hat er mir noch das Buch „Ein Mensch" von Eugen Roth als Gute-Nacht-Lektüre geholt. Nun bin ich plötzlich Bewohner eines Gartenhauses und Hüter eines Hauses eines mir bis vor wenigen Minuten noch völlig unbekannten Mannes!

Ich bemerke, dass ich irgendwann und irgendwo meine Bauchgurtschnalle vom Rucksack verloren habe.

Als ich daran denke spüre ich plötzlich das Knurren meines Magens und freue mich nun über den reichlich gedeckten Gabentisch sowie eine Flasche Kölsch, die Guido mir noch extra bereitgestellt hat.

Ich genieße das Mehrkornbrötchen vom Vortag mit der Salami von heute Morgen und einen Apfel. Mir wird deutlich, dass ich dieses Essen deutlich mehr wertschätze, als wenn ich mir diese Dinge einfach nur gekauft hätte.

Welch ein Luxus!

Während des Tages habe ich mehrfach versucht, zumindest eines der beiden großen Brote weiter zu verschenken. Es ist mir jedoch nicht gelungen. Alle hatten bereits genug. Ich möchte aber verhindern, dass sie bei mir verkommen. Ich überlege, was mir das sagen soll, wo ich doch so viel gar nicht alleine essen kann. Von den gefundenen Teebeuteln „Persischer Apfel" bereite ich mir einen Tee zu. Es ist 19:15 Uhr. Meinen Handy-Akku kann ich nun bei Guido auch wieder aufladen, obwohl ich hier gerade keinen Empfang habe. Dann begebe ich mich mit der Gutenachtlektüre in meinen Schlafsack.

Donnerstag, 06. November 2014 (3. Tag)

Ich habe gut geschlafen. Trotz vorhandenem Bett habe ich erstmalig den Schlafsack ausprobiert. Ich passe gerade soeben hinein. Vielleicht daher der Verlust der Bauchgurtschnalle, schmunzle ich in mich hinein. Ein dicker Bauch soll ja insbesondere bei Männern ungesund sein. „Ich werde während meiner Wandertage wohl etwas abspecken", vermute ich.

Guido hat mich gestern gebeten, nicht lange zu duschen. „Der rote Hebel ist übrigens für kaltes und der blaue Hebel für warmes Wasser", sagte er. „Der Installateur hat sie falsch angeschlossen." Ich bin froh überhaupt duschen zu können und bin so sparsam, dass das Wasser – egal welchen Hahn ich aufdrehe – eiskalt bleibt. „Wer weiß, ob du in den kommenden Tagen überhaupt Wasser haben wirst, mit dem du dich waschen kannst", höre ich meine innere Stimme sagen. Ich greife wie selbstverständlich nach dem Handtuch, das im Bad hängt. Mir fällt auf, dass ich kein Handtuch mitgenommen habe.

Nach der kalten Dusche fühle ich mich frisch und fit und bemerke den fahlen Geschmack im Mund. Jetzt noch Zähne putzen, dann bin ich fertig. Nun begebe ich mich schon mal ans Packen. Die Handhabung des modernen, leichten und kleinen Schlafsackes hatte ich zuvor nicht ausprobiert. Erfahrungen mit dem Packen von Schlafsäcken hatte ich bei früheren Zeltlagern der Kolpingfamilie Kleve, den sogenannten „Vater und Kind" Zeltlagern, bereits sammeln können. In der wettergeschützten Wohnung von Guido und der Ruhe, ausreichend Zeit zu haben, gelingt es mir aber gut.

In mir kam aber auch die Vorstellung auf, wie es wohl innerhalb eines kleinen Zeltes bei schlechtem Wetter sein würde, den Schlafsack einzurollen. Einem Zelt, in dem ich nicht stehen, mich kaum würde bewegen können. „Es wird sich schon finden", beruhige ich mich und beginne mich anzuziehen. Aus den mir zur Verfügung stehenden Sachen bereite ich ein Frühstück für Guido und mich vor, ohne zu wissen, ob er überhaupt mit mir zusammen frühstücken möchte bzw. ob er nicht bereits gefrühstückt hat. Es gibt Brötchen, Brot, rohen Schinken, Tee. Während ich vom Essen schreibe, knurrt mir der Magen. Mit den vorhandenen Putzmitteln reinige ich die Küche, die Dusche und das WC, um wenigstens einen geringen „Energieausgleich" herbeizuführen. Meinen Impulsen folgend packe ich die leeren Plastiktüten immer wieder ein, obwohl ich im Moment nicht weiß, wofür ich sie noch brauchen werde. Den rohen Schinken habe ich in kleine Streifen geschnitten und stelle auch noch eine Schale mit meinen Haselnüssen auf den Tisch. Ich bin gespannt, wie er reagieren wird, wenn er um 10:00 Uhr kommt, um mich extra nach Wuppertal zu fahren, was er sich nicht nehmen lassen will. Um 09:00 Uhr bin ich mit meinen Vorbereitungen fertig und nutze die noch verbleibende Stunde, um im Garten Fotos „meiner" Unterkunft zu machen und den Ausblick festzuhalten. Der Garten grenzt unmittelbar an die Wupper. Heute ist es nasskalt. Pilze wachsen jetzt üppig im Garten, von denen ich aber leider nicht weiß, ob man sie essen kann.

Ich lese bis zum Eintreffen von Guido noch im Buch von Eugen Roth, in dem humorvolle und doch tiefsinnige Gedichte enthalten sind. Man merkt ihnen die Zeit an, in der sie verfasst wurden, allerdings ist ihr Inhalt noch lange nicht veraltet.

Auf Grund des mir in dieser kurzen Zeit bereits vielfach bekundeten Interesses kommt in mir der Gedanke auf, die aufgezeichneten Erfahrungen, die eigentlich nur für mich gedacht waren, eventuell doch zu veröffentlichen. Das erste Gedicht, das ich heute Morgen von Eugen Roth lese, trägt den Titel: „Hoffnungen" (Seite 42 in „Ein Mensch". Carl Hanser Verlag 1962).

Es handelt von einem Menschen, der sein geschriebenes Theaterstück einem Verlag schickt, um es zu veröffentlichen und eine Absage bekommt. „Wie passend zu meinem Impuls", denke ich.

Guido kommt und ist von meinem gedeckten Tisch überrascht. Eigentlich hat er schon gefrühstückt, aber er lässt es sich nicht nehmen doch noch eine Kleinigkeit mit mir gemeinsam zu essen, da er mir die Freude nicht verderben möchte. Guido schenkt mir noch eine Konservendose Fisch „Heringsfilet in Paprikasoße" für unterwegs. Eine haltbare Mahlzeit, die mir das Brot sicherlich zu einer Delikatesse machen wird. Außerdem hat er noch eine Avocado dabei, die ich wegen ihres hohen Fettanteils lieber sofort essen soll. Dann holt er noch 60 Euro hervor und steckt sie in die Spendendose. „Ich habe noch ein wenig die Werbetrommel gerührt", sagt er und lächelt dabei. Ich bin gerührt, wie er sich so für mich bzw. für meinen Verein ins Zeug legt und ein paar Tränen der Freude und Dankbarkeit verlaufen sich, obwohl wir eigentlich neben einer Trauerweide stehen.

Ich möchte Guido bitten, mir doch, wie er mir gestern schon angeboten hatte, das Buch von Eugen Roth mit auf meine Wanderschaft zu geben. Es mir also zu schenken. Obwohl es sich um ein altes und von Mäusen bereits angeknabbertes Buch handelt, fällt es mir schwer, ihn darum zu bitten. Beim ersten Versuch bekomme ich kein Wort heraus. Er überlässt es mir mit Freuden.

Wir steigen ein und Guido fährt los. Zwei Frauen mit zwei Hunden und einem Esel kommen die Straße entlang gelaufen. „Maria und Maria, statt Maria und Josef", sagt Guido.

Weil ich die Kamera nicht schnell genug aus der Tasche bekomme, gelingt es mir nicht, durch das geöffnete Fenster ein Foto von der Gruppe zu machen. Ein Foto durch die Windschutzscheibe ist nicht zu verwerten, da sich darin ein auf der Ablage liegender Atlas spiegelt. Ich bin einen Moment lang enttäuscht darüber. Wir fahren in entgegengesetzter Richtung zu den beiden Frauen mit ihren Tieren davon, da die Straße dort für Fahrzeuge gesperrt ist. Guido fragt nach, ob sich mein Zelt schnell aufbauen lässt, was bei Regen ja wichtig sei. Da fällt mir plötzlich mein Regenschirm ein, den ich nicht im Auto dabei habe. Im Gartenhaus ist er auch nicht. So fahren wir weiter in Richtung meines gestrigen Wanderstartes in Leichlingen, wo ich mir sicher bin, ihn noch in die Erde gesteckt zu haben. Auf diesem Umweg begegnen wir erneut den beiden Frauen mit ihren Hunden und ihrem Esel und ich darf, mit ihrem Einverständnis, ein Foto von Ihnen machen. Ich bin glücklich. Der Regenschirm steht nicht mehr am Ausgangspunkt meiner Wanderung in Leichlingen. Sicher konnte ihn jemand gut gebrauchen. Möge er damit glücklich werden. Auch bei uns zu Hause war er von irgendjemandem vergessen worden und so wandert auch er wohl durch die Welt. Guido hat noch einen ähnlichen Schirm bei sich im Auto und ist sofort bereit, mir diesen für meine weitere Wanderschaft zu schenken. Es fällt mir noch schwer, diese Fülle an Geschenken, an Zufällen, anzunehmen. Aber ich werde es schon noch lernen. Meine eigene Vorgabe war es gewesen, morgens um 07:00 Uhr loszuziehen und spätestens um 18:00 Uhr meinen Zeltplatz gefunden zu haben. Guido versucht mir den selbst gemachten Druck zu nehmen und schlägt vor, mit mir noch irgendwohin zu fahren. Nachdem ich ja schon abgelehnt hatte, mehrere Tage bei ihm zu bleiben, stimme ich zu, als er vorschlägt, zum Grab seiner Mutter zu fahren und mich anschließend in Kierspe weiterziehen zu lassen. Er habe ja Zeit und es mache ihm Spaß, mit mir unterwegs zu sein. Ich spüre, dass ich von meiner „Zwangsvorstellung", jeden Tag weiterziehen zu müssen, loslassen muss, wenn ich zu innerer Ruhe finden will. Entgegen der Wetterprognose scheint die Sonne. Es ist wunderbar. Ich hoffe, dass ich es ihm irgendwann wieder gut machen kann, dass er sich so um mich kümmert, einen für ihn eigentlich Fremden. Gleichzeitig spüre ich, dass ich lernen muss, anzunehmen, auch wenn ich nichts geben kann. Ich muss außerdem noch lernen, dass ich nur durch mein Sein, durch mein bei ihm sein, ihm bereits viel zurückgeben kann, wie er selbst sagt. Während der Fahrt hören wir die meiste Zeit Musik von Mozart. Dies erinnert mich an meine Tochter Sarah und meinen Freund Claus zu Hause, die ebenfalls Mozartmusik lieben. Die Musik entspannt uns.

Ohne auf die Kennzeichen der uns entgegenkommenden Fahrzeuge zu achten, weil wir uns die ganze Zeit unterhalten, fallen mir in nur anderthalb Stunden Fahrtzeit mehr als 20 Kennzeichen auf, die eine vierstellige gleiche Zahl aufweisen, die sogenannten „Engelszahlen", wie meine Frau sie nennt. Über diese „Engelszahlen" kommen wir über die vielen unerklärlichen „Zufälle" ins Gespräch. Es stellt sich heraus, dass seine Schwester, ebenso wie wir, in ihrer Wohnung einen Seminarraum hat, in dem verschiedene Seminare abgehalten werden.

Guido war Vermesser bei Bilfinger + Berger und bereiste Afrika, Indonesien, war in jungen Jahren in der halben Welt unterwegs. Als er mir während der Fahrt von seinen Vermessungsarbeiten erzählt, kommt uns ein Fahrzeug eines Vermessungsbetriebes entgegen, auf dem in großen Buchstaben das Wort „Vermessung" zu lesen ist. Als ich Guido darauf aufmerksam mache, sagt er: „Alles Zufall", und lächelt mir zu. „Natürlich", sage ich und lächle zurück.

Nachdem wir gemeinsam das Grab seiner Mutter besucht haben, fahren wir weiter nach Kierspe, wo wir in einer Döner-Bude, wo die Speisen noch auf einem echten Holzkohlegrill zubereitet werden, essen. Die Bestellung gibt er in türkischer Sprache auf. Ich bin sicher, dass er etliche Sprachen spricht, auch wenn er sagt, dass er viele Sprachen nur bruchstückhaft beherrscht. Ich habe ihn nun schon in türkischer, englischer, französischer, deutscher und einer afrikanischen Sprache sprechen hören.

Als Guido und ich uns verabschieden, bedankt er sich bei mir, dass er mich treffen und kennenlernen durfte. Durch mich, habe er nun endlich wieder Energie bekommen, sein Fernweh in Reisen umzusetzen.

Er sagt, dass ich ihm dazu neuen Antrieb gegeben habe. Etwas Schöneres hätte er mir nicht sagen können.

Zum Abschluss lädt er mich und meine Familie noch ein, ihn doch mal nach meiner Tour für einige Tage zu besuchen. Ich verspreche nichts. Guido hat mein Herz im Sturm erobert. Man könnte auch sagen: Ein Tag = ein Freund. Mit ihm zusammen könnte ich mir noch einen weiteren Besuch Benins vorstellen. Gerne würde ich ihm mal „mein" Projekt persönlich zeigen.

Ich laufe los und kann ein paar Abschiedstränen der Dankbarkeit nicht unterdrücken. Und das ist auch in Ordnung so.

Ca. 150 Meter laufe ich bergab bis ich an eine Parkbucht bzw. Bushaltestelle komme, die mich ermuntert, noch einen Versuch zu starten, zu trampen. Ich halte also meinen Daumen hoch und bereits das dritte Fahrzeug hält an.

Es ist ein junger Mann aus Lüdenscheid. Er bietet mir an, mich bis nach Lüdenscheid mitzunehmen.

„Ich habe Zeit", sagt er. Er erkundigt sich nach meiner Motivation, um diese Jahreszeit zu trampen. Ich erkläre ihm wie gewohnt, worum es mir geht und was ich so mache. Er ist Dachdecker und kennt daher aus seiner Zunft diesen Brauch, von Stadt zu Stadt zu ziehen, in ähnlicher Form. Auch während seiner Fahrtzeit, etwa fünfzehn Minuten, begleiten uns die vierstelligen Engelszahlen (fünf Stück).

Er fragt mich, ob er mich nach Lüdenscheid ins Zentrum fahren soll oder eher in die Peripherie. Ich teile ihm mit, dass ich langsam nach einer Schlafmöglichkeit Ausschau halten muss. Er fährt mich zu einem städtischen Parkplatz bzw. zu einer Wiese auf der ich seiner Ansicht nach mein Zelt aufschlagen kann. Nachdem ich diesem Zeltlagerplatz zugestimmt habe, bietet er mir nochmals an, mich ins Stadtzen-trum zu fahren, da ich ja nun noch Zeit habe. Ich stimme zu und er bringt mich noch ca. einen Kilometer bergauf bis zu einer Unterführung, durch die ich dann hindurch laufe. Als ich aus der Unterführung herauskomme befinde ich mich bereits direkt in der Innenstadt von Lüdenscheid. Ich laufe direkt auf den „Sternplatz" zu, auf dem in der Mitte ein leerer Springbrunnen steht. Eine junge Frau, die am Brunnen steht, bitte ich, ein Foto von mir und dem Brunnen zu machen. Sie kann mit einer Kamera nicht umgehen und ist mir dankbar, dass ich ihr zeige, wie man das macht. So kann nicht nur sie mir, sondern auch ich ihr helfen. Nach vier Versuchen hat sie ein schönes Foto zustande bekommen und ist überglücklich, mir geholfen zu haben. Sie wartet hier auf eine Internetbekannte, mit der sie sich verabredet hat. Die Freundin trifft auch sogleich ein. Wir bedanken uns und wünschen uns gegenseitig zu unseren Vorhaben „Alles Gute".

Ich setze mich auf den Brunnenrand, stelle meinen Rucksack neben mich und beobachte die vorbeilaufenden Menschen. Neben dem Brunnen wird begonnen, einen großen Tannenbaum aufzubauen. Der Weihnachtsmarkt wird bereits vorbereitet. Ich stelle hier um diese Zeit einen extrem hohen Ausländeranteil fest. Kaum einer spricht deutsch, nur wenige sehen überhaupt europäisch aus. Ich schätze den Ausländeranteil auf um die 80 bis 90%. Zahlreiche verschiedene Sprachen höre ich heraus. Alle laufen zielstrebig irgendwohin, nebeneinander her und aneinander vorbei, ohne die anderen zu sehen oder einander gar zu grüßen. Auch mich nimmt hier kaum jemand wahr. Einige wenige schauen auf das Schild an meinem Rucksack. Niemand spricht mich jedoch darauf an. Manche lächeln mir freundlich und aufmunternd zu.

Es ist jetzt 15:30 Uhr und es wird merklich kälter. Ich beginne trotz Fleecejacke zu frieren. Ich muss jetzt noch ca. 20 bis 30 Minuten bis zu meinem Zeltplatz laufen und noch alles herrichten. Also beschließe ich, mich auf den Weg zu machen, da ich diesmal wohl das erste Mal eine Nacht im Zelt schlafen werde. Kurz bevor ich gehe, kommt doch noch ein Mann auf mich zu und spricht mich an. Es ist ein 53-jähriger, pensionierter Polizeibeamter, der auch auf einer Leitstelle gearbeitet hat. Genau wie ich. So ein Zufall!

Wie schon einige Male zuvor erinnert mich auch diesmal der Ex-Kollege an den Schirm, den ich zum wiederholten Male ansonsten vergessen hätte. „Was hat es nur mit diesem Schirm auf sich", frage ich mich.

Von der Innenstadt geht es nur bergab bis zur Hauptverkehrsstraße, hinter der mein Zeltplatz auf einer Anhöhe liegt, von wo aus die Kinder, bei Schneelage, herunter rodeln. „Hoffentlich wartet der Schnee noch etwas mit seinem Kommen", denke ich. Auf der Anhöhe angelangt beginne ich sofort mit dem Zeltaufbau. Eine halbe Stunde benötige ich zum kompletten Aufbauen und Einrichten meines Zeltes. Für eine solche Aussicht und Lage würde sicherlich so mancher viel Geld bezahlen, wenn er sein Haus hier bauen dürfte. Für das zu erwartende „Geschäft" in der freien Natur suche ich nach einem geeigneten Platz in der Nähe und finde ihn auch sofort. Nur 20 Meter entfernt entdecke ich eine Art Haus oder Hüttenbau von Menschen, die diesen Platz wohl schon früher als für sich geeignet auserkoren haben.

Als ich mich gerade in meinen Schlafsack begeben will, kommt ein Paar, zwei Polen, vorbei und spricht mich an. „Haben Sie denn keine Angst. Zum Beispiel vor den Wildschweinen?", fragt mich die Frau. Wir kommen ins Gespräch. Doch da es dunkelt und sie noch vor der völligen Dunkelheit zu Hause sein wollen, müssen sie bald aufbrechen. Peter, der Mann, gibt mir noch ein paar Tipps für meine morgige Weiterreise und wir wünschen uns eine „Gute Nacht."

Obwohl es erst 17:55 Uhr ist, ist es schon dunkel, denn dicke Wolken sind aufgezogen. Der Tag war herrlich, mit viel Sonne, obwohl es am „Sternplatz" in Lüdenscheid nur gefühlte zwei Grad war. Hier oben auf dem Berg ist es nun irgendwie angenehmer, gefühlte zehn Grad.

Ich hatte meine Taschenlampe beim Suchen nach einer geeigneten Toilette benutzt und nun kann ich sie im Zelt nicht wiederfinden. Obwohl es Nacht ist, kann ich in meinem Zelt plötzlich auch ohne Taschenlampe alles erkennen. Vielleicht, weil die Lichter der Stadt durch meine Zeltwände scheinen? So kann ich dann doch noch meine Taschenlampe im Zelt wiederfinden. Meine Tochter Kathrin hatte die vorhandenen Zelte alle durchgesehen und unvollständige Zelte entsorgt. Dieses Zelt besitzt keine zweite Oberplane. Die geringe Körperwärme steigt hoch und kann durch die dortige Entlüftung ungehindert das Zelt verlassen. Es ist bitterkalt im Zelt. Bei Guido waren es immerhin 16,7° im Gartenhaus gewesen und ich konnte im Schlafsack auf dem Bett schlafen. Im Zelt sind es jetzt nur noch 4° und ich bin deshalb mit meiner einzigen langen Unterhose, einem T-Shirt und meinem dünnen Merano-Schaf-Unterziehhemd in den Schlafsack gekrochen, um ihn zu testen. Am Anfang wird mir sehr kalt und meine Nase scheint mir abzufrieren. Ich ziehe den Schlafsack so zu, dass ich darin kaum noch atmen kann. Jetzt ist es mir nicht mehr so kalt. Zwischendurch öffne ich ihn dann aber wieder, um neuen Sauerstoff hereinzulassen. So wechsle ich zwischen beinahe erfrieren und beinahe ersticken hin und her. Ich hätte natürlich noch meine Fleecejacke anziehen können, aber ich wollte mich ja auch ein wenig an die noch zu erwartenden sinkenden Temperaturen gewöhnen. Ich versuche mich auf die Geräusche des Verkehrs und die Stille der Nacht zu konzentrieren und nicht mehr an die Kälte zu denken. Immer wieder wache ich auf und drehe mich dann auf die andere Seite. Die kalte Seite wird dann wieder aufgewärmt und so wechsle ich regelmäßig.

Freitag 07. November 2014 (4. Tag)

Um 03:40 Uhr werde ich von einem Vogelruf: „Uh. Uhuhuhuh" und noch einmal: „Uh. Uhuhuhuh" geweckt. Ich habe also doch noch etwas geschlafen. Um 05:18 Uhr weckt mich das Martinshorn erneut. Der Verkehr hat etwas zugenommen. Die Nacht ist Gottseidank trocken. Der angekündigte Regen ist ausgeblieben. Die Zeltwände sind von innen ganz nass. Meine Sachen blieben aber alle trocken. Ich beschließe aufzustehen und langsam zu packen. Als ich vors Zelt trete sehe ich den Vollmond und bedanke mich bei ihm dafür, dass er die ganze Nacht mein Zelt so erhellt hat, dass ich keine Taschenlampe benötigte und somit meine Batterien schonen konnte. Es ist 07:00 Uhr, als ich alles zusammengepackt habe. Damit, dass ich so lange dafür brauchen würde, hatte ich nicht gerechnet. Umso glücklicher bin ich, dass ich so früh angefangen habe. Heute Morgen habe ich zum ersten Mal Wasser aus meinen beiden mitgenommenen Wasserflaschen genutzt, zum Zähneputzen. Der Tau auf den Pflanzen am Boden ist gefroren. Von meinem Lagerplatz aus laufe ich wieder die Straße zur Innenstadt hinauf. Diesmal geht es die ganze Strecke nur bergauf und ich benötige 30 Minuten für den Weg.

Die meisten Geschäfte in der Innenstadt haben um diese Zeit noch geschlossen. Auf der Suche nach einem Café frage ich einen vor mir laufenden Mann, ob er mir Auskunft geben kann. Der Mann dreht sich um und ich erkenne, dass er offensichtlich mongoloid ist. Er geht mit mir, ohne zu sprechen, die Fußgängerzone entlang, um mir zu helfen. Nachdem er mir das Café am Sternplatz gezeigt hat verabschiedet er sich von mir in für mich unverständlichen Lauten. Ich bedanke mich bei ihm und überlege, ob ich ihn auch angesprochen hätte, wenn ich seine Behinderung bzw. sein Anderssein vorher gesehen hätte. Ich kann es natürlich nicht mit Bestimmtheit sagen, aber ich glaube schon.

In der Hoberg-Bäckerei und Niedergesäss-Metzgerei am Sternplatz, die sich zusammen in einem Geschäftslokal befinden, darf ich Platz nehmen, auch ohne etwas zu kaufen. Hier kann ich ganz in Ruhe meine Tagebucheintragungen machen und mich aufwärmen. Die Metzgersfrau erkundigt sich nach der Bedeutung meines Schildes und bietet mir eine Tasse Kaffee an, die ich gerne annehme. Als sie mir den Kaffee – mit Milch und Zucker – bringt, legt sie unauffällig noch eine Tüte dazu und verabschiedet sich mit den Worten: „Guten Appetit" wieder hinter ihre Verkaufstheke. Sie stammt, wie viele Leute hier, aus Schlesien, wie sie mir erzählt. Ich genieße meinen Kaffee und staune nicht schlecht, als ich in die Tüte schaue. In ihr befinden sich zwei Mettwürstchen und ein belegtes Brötchen mit frischem Mett! Während ich noch meine Aufzeichnungen vervollständige betritt eine Frau die Metzgerei und berichtet der Metzgersfrau, dass sie operiert worden sei und sich deshalb längere Zeit nicht habe blicken lassen. Sie habe sich in der Zeit, in der sie nicht kochen

konnte, ausschließlich von „Nährschlamm" er-
nährt und freue sich nun ganz besonders darauf, endlich wieder ein gutes Stück Fleisch für
sich zubereiten zu können. Da ich den Begriff
„Nährschlamm" noch nie gehört habe und es
mich brennend interessiert, wovon hier die Rede
ist, traue ich mich, diese Frau anzusprechen
und nachzufragen. Alle amüsieren sich prächtig
über meine Nachfrage und die Frau erklärt mir
bereitwillig, dass man unter „Nährschlamm" den
Verzehr von Fast-Food versteht.
Auf Grund der niedrigen Temperaturen hatte ich
eigentlich geplant, mich mit meiner Spendendose und einem Flyer in der Hand ab 08:00 Uhr im
„Stern-Center", einem großen überdachten Ein-
kaufszentrum, hinzusetzen oder hinzustellen,
um Spenden für meinen Verein zu sammeln und
die Menschen zu beobachten.
Am Eingangsbereich, laufe ich jedoch genau auf
ein feststehendes Mittelteil zu und mein Blick
fällt auf ein dort befindliches großes Schild, auf
dem eine Vielzahl von Hausregeln öffentlich
aushängt. In den zehn Hausregeln heißt es unter
Punkt 2: Betteln und Hausieren sowie unnötiger
Aufenthalt sind nicht gestattet. Ich fotografiere
das Schild und wende mich schon wieder ab,
um zu gehen. Nachdem ich diese Regel gelesen
habe, habe ich schon keine Lust mehr, überhaupt dort hineinzugehen. Nach einigen Schrit-
ten meldet sich jedoch meine innere Stimme
und fordert mich auf umzukehren. „Keiner
zwingt dich, dort zu betteln", sagt sie mir und
sie hat natürlich recht damit. Also kehre ich

wieder um und gehe in das Stern-Center hinein. Als erstes erwartet mich ein großes Hinweisschild „Sparkasse". Ich schaue mich um und stehe vor sechs oder sieben Automaten. „Keine Menschen", schießt es mir durch den Kopf. Eine Frau steht an einem Automaten und schaut skeptisch zu mir herüber. Ich sage ihr, dass ich sie gerne etwas fragen würde, sobald sie fertig ist. Sie schaut mich erneut skeptisch an und widmet sich dann wieder ihren Tätigkeiten am Geldautomaten. Als sie fertig ist, kommt sie direkt auf mich zu, kann aber auch nirgendwo anders hin, da die Räumlichkeit eine Sackgasse ist. „Eigentlich keine kundenfreundliche Einrichtung", denke ich. „Ideal für Verbrecher. Schlecht für das Opfer." Ich frage sie, ob sie mir sagen kann, wo ich eine Sparkassenfiliale mit persönlicher Betreuung finden kann. Sie geht mit mir nach draußen und zeigt in Richtung Busbahnhof. Dies ist der Weg, den ich heute sowieso noch gehen muss, wenn ich weiter trampen will. Ich gehe also wieder ins Stern-Center zurück. Meiner inneren Stimme folgend begebe ich mich in die untere Ebene, die mit Rolltreppe zu erreichen ist. Dort komme ich an einem DM-Markt aus. Meine winzige Zahnpasta, eine Probepackung, ist fast leer. Spontan entschließe ich mich, die Frau an der Kasse zu fragen, ob sie mir vielleicht eine Probepackung Zahnpasta schenkt, da ich sie wegen meiner Aktion nicht käuflich erwerben kann. Sie ruft nach dem Filialleiter, der gerade mit Einräumarbeiten in der Lokalmitte beschäftigt ist. Ich gehe ihm entgegen.

Wir treffen uns auf halbem Weg. Ich versuche auch ihm mein Anliegen zu erklären, jedoch versagt mir meine Stimme ihren Dienst. Mir fällt es in diesem Moment unsagbar schwer, darum zu bitten, mir etwas zu schenken, was ich benötige, es mir aber nicht kaufen kann. Innerlich wühlt mich das enorm auf. Der Filialleiter, Mitte 30, tätowiert, bleibt ganz ruhig, wartet geduldig ab und sagt: „Lassen Sie sich Zeit." Erst nach ungefähr einer Minute bin ich in der Lage, ihm mein Anliegen zu erklären. Für ihn scheint das nur eine Kleinigkeit, vielleicht sogar eine Selbstverständlichkeit zu sein. Scheinbar ohne zu überlegen geht er zielstrebig zu dem *zufällig* direkt neben uns befindlichen Regal mit Zahnpastatuben, greift hinein und überreicht mir eine Tube Zahnpasta mit den Worten: „Hier bitte. Alles klar." Die Tube ist deutlich größer als eine Probepackung, um die ich gebeten hatte. Ich bedanke mich und verlasse, begleitet von dem wohlwollenden Blick der Verkäuferin an der Kasse, den DM-Markt. Ich habe mich erneut überwunden zu fragen und abermals eine wunderbare Erfahrung gemacht.

Ich laufe durch das Stern-Center und setze mich im Durchgang zwischen den Geschäften auf eine runde Sitzbank, um meine soeben gemachte Erfahrung in mein Tagebuch zu schreiben. Nachdem ich damit fertig bin und aufblicke, spricht mich ein Mann mit niederländischem Akzent auf mein Schild an. Ich freue mich über die Ansprache, nicht nur, weil er sich für die Aktion interessiert, sondern auch, weil ich den vertrauten Dialekt genieße, der mich an Zuhause erinnert. Er fragt, ob ich das denn wirklich ernst meine, mit dem was da auf meinem Schild steht. Außerdem will er wissen, ob ich denn vielleicht von ihm einen Kaffee annehmen würde. Ich nehme sein Angebot dankend an und frage ihn, ob er wohl anschließend, wenn er mir den Kaffee besorgt hat, noch zwei Minuten Zeit für ein kurzes Gespräch mit mir erübrigen kann. „Klar", sagt er und ist auch schon wieder verschwunden, um mir den Kaffee zu holen. Nach ein paar Minuten kommt er zurück. In der einen Hand hält er einen Coffee ToGo, in der anderen eine Tüte mit einem belegten Brötchen. Das Brötchen ist mit Tomaten, Käse, Salat und Ei belegt. Für den Kaffee hat er mir gleich vier Tütchen Zucker (brauner Fairtrade Bio-Zucker) mitgebracht. Ich berichte ihm kurz, warum ich das mache und erneut versagt mir die Sprache. Ich habe mich noch nicht wieder richtig fangen können. Ich frage ihn nach seiner Herkunft und er berichtet mir freimütig, dass er aus Zandvoort stammt, in Amsterdam Medizin studiert, das Studium trotz guter Noten dann aber abgebrochen hat, da er erkannte, dass es nicht seine Berufung war. Ein Freund von ihm handelte damals mit Blumen, erzählt er weiter. Dieser benötigte zum damaligen Zeitpunkt Hilfe und so entschloss er sich, ihm zu helfen. „Das war vor 22 Jahren", sagt er „Und ja, hier bin ich noch immer. Diese Arbeit ist meine Leidenschaft." Er wohnt inzwischen hier in Lüdenscheid und ist zufrieden, wie er sagt. Inzwischen ist es 10:00 Uhr geworden.

Kurze Zeit, nachdem ich mich dort hingesetzt habe, hat sich auch ein junger Mann mit Kopfhörer in ca. 50 cm Abstand neben mich gesetzt. Er bleibt dort die ganze Zeit bis 11:30 Uhr, als ich aufbreche, sitzen. Ich finde es ungewöhnlich, ja auffällig. „Jemand von der Presse oder der Security", frage ich mich.

Ein zweiter Mann hat sich zwischen ihn und mich gesetzt und beginnt ein Gespräch mit mir, welches fast eine Stunde dauert. Wir reden über Politik, Ausländer, Straftäter, Zeitungswesen, Obdachlose und Vieles mehr. Er hat gute lokale Ortskenntnisse. Irgendwie werde ich das Gefühl nicht los, dass auch er von einer örtlichen Presse sein könnte. Sehe ich jetzt schon Gespenster? Die meiste Zeit redet er und ich höre zu. Seine Ansichten sind mir zu absolut und zu verallgemeinernd. Während dieses Gespräches kommt noch ein junger Mann auf mich zu. Er sei Schüler, sagt er und erkundigt sich wegen des Schildes. Wir unterhalten uns kurz und ich bin froh über diese Abwechslung. Er bittet darum, mich nach der Aktion nochmals kontaktieren zu dürfen, um zu erfahren, wie die Aktion insgesamt gelaufen ist. Ich gebe ihm meinen Namen und meine Handynummer. Das komische Gefühl, hier von Presseleuten aufgesucht und eventuell sogar aufgenommen worden zu sein, kann ich trotzdem nicht ganz abschütteln.

Da ich mich an dieser Stelle nicht mehr wirklich wohl fühle, breche ich auf, um das Stern-Center zu verlassen. Kurz vor dem Ausgang begegnet mir ein Mann mit einem Security-Schild am

Hemdkragen, der mir hier schon mehrfach zuvor aufgefallen ist. Bereits vor Betreten des Stern-Centers hatte ich mir, nachdem ich die Hausregeln am Eingang gelesen hatte, vorgenommen, falls möglich, einen Verantwortlichen auf diese Hausregeln anzusprechen. Deshalb ergreife ich nun die Gelegenheit und spreche den Mann an. Wir unterhalten uns über die Hausordnung: Ob es Sinn hat, diese auf einer Außentafel anzubringen und gegen Personen durchzusetzen, die kein Geld haben, um etwas zu kaufen, sich aber sicherlich mal kurz und gerne im Stern-Center aufhalten wollen, um sich z. B. aufzuwärmen. Ich erzähle ihm auch, dass ich bei DM eine Zahnpasta erbettelt habe. Er lächelt mich an. Er kenne die Armut, versichert er mir und wisse sehr wohl zu unterscheiden. Er macht auf mich einen ehrlichen Eindruck. Natürlich muss er in seinem Job die Interessen seiner Arbeitgeber vertreten und umsetzen, hat aber für sich wohl einen gesunden Ermessensspielraum eingerechnet. Am Ende unserer Unterhaltung gibt mir Martin Kleier, Chef des gleichnamigen Security-Unternehmens, seine Visitenkarte und bietet mir an, sollte ich am morgigen Abend noch in Lüdenscheid sein, mich mit nach Dortmund zu nehmen. Ich brauche ihn nur anzurufen. Ich hoffe jedoch, noch heute Abend in eine andere Stadt mitgenommen zu werden. Bevor ich das Stern-Center verlasse muss ich noch einmal zur Toilette. Herr Kleier weist mir freundlich den Weg dorthin, wohl wissend, dass ich kein Toilettengeld bezahlen kann, dieses jedoch von dem dort arbeitenden Personal eingefordert wird. Ich kann zunächst problemlos die Toilette benutzen. Als ich herauskomme, erkläre ich den dort arbeitenden beiden Schwarzen meine Situation. Sie interessieren sich jedoch nicht für meine Aktion, sondern lediglich für das Toilettengeld. Als ich nochmals erkläre, dass ich nicht bezahlen kann, schauen sie mich völlig entgeistert an und schicken mich weg.

Um 13:00 Uhr stehe ich an der Hauptstraße, um weiter zu trampen. Ich habe total vergessen, die Sparkasse mit Personalbetrieb aufzusuchen. Um 14:00 Uhr hält ein Fahrzeug an, um mich mitzunehmen. Der Fahrer, ein Sozialarbeiter für Langzeitarbeitslose wohnt im Kreis Unna und nimmt mich in eine kleine Stadt am Rande des Sauerlandes mit. Nach eigenen Angaben ist er eigentlich „Liedermacher" von Beruf. Eine CD hat er leider nicht dabei. Er setzt mich vor dem Ort auf einem Parkplatz ab. So kann ich entscheiden, ob ich noch weiter trampen oder ob ich mir einen Zeltplatz suchen möchte. An der nächsten Einmündung treffe ich auf ein Hotel und beschließe, mich dort zu erkundigen, ob ich mein Zelt eventuell im Park aufstellen darf oder ob sie mir eine andere Örtlichkeit empfehlen können. Ich erkläre der Frau an der Rezeption, meine Aktion „1 MONAT DEUTSCHLAND OHNE GELD" und sie erzählt mir, dass sie eine Frau kennt, die neben ihr gewohnt hat, seit mehr als 18 Jahren ohne Geld lebt und auch zahlreiche Häuser gehütet hat. In diesem Moment fällt ihr der Name dieser Frau jedoch nicht ein. Zwei Tage vor meiner Reise hatte ich von einer Bekannten, der ich von meinem Vorhaben erzählt hatte, eine Mail erhalten. In dieser Mail war ein Link enthalten, der mich auf die Homepage von Heidemarie Schwermer geführt hatte, die bereits seit über 18 Jahren ohne Geld lebt. In der Mail schrieb mir meine Bekannte:

„Heidemarie Schwermer (*1942) hat ebenso angefangen; ihre damalige Praxis als Psychotherapeutin veräußert und ihren neuen Lebensstil ganz ohne Geld kreiert. Sie hat Tauschringe gegründet, wo Menschen Ding gegen Ding eintauschen und für sich mitnehmen. Über Jahre hat sie Häuser gehütet in Abwesenheit der Eigentümer und als Entgelt Kleidung, Haarschnitt usw. erhalten. Sie hat sich auch für ein Leben ohne Geld entschieden, um ihren Wert durch persönliche Schenkungen zu erfahren, für die sie auch gearbeitet hat. Sie hat das "Experiment Sterntaler" gegründet: "Gib & nimm" (www.heidemarieschwermer.com) Du bist auf einem spannenden Weg; schreibe mir gerne davon. Und nimm dir dicke Socken und Creme mit!"

Ich hatte einiges auf der Seite gelesen, jedoch kein Bild von Heidemarie Schwermer finden können und mich dann entschlossen, ihr eine Mail zu schreiben, um eventuell noch ein paar Tipps von ihr zu erhalten.

Obwohl ich in der Kürze der Zeit nicht wirklich mit einer Rückmeldung gerechnet hatte, erhielt ich am nächsten Tag, also nur einen Tag vor meiner Abreise, per Mail von ihr eine Antwort:

„Lieber Johannes, schön, dass du mit meinen Sterntalern was anfangen kannst. Es sind ja meist

Alltagsgeschichten! Mit den Gib & Nimm Häusern ist das so eine Sache. Vor Jahren habe ich damit viel vermittelt, aber einiges ist auch schief gegangen. Jetzt wird da nichts mehr organisiert, aber die Idee weiter getragen. Wenn du z.B. auf deinem Weg an einem Haus vorbei kommst, das dich anspricht, könntest du dort klopfen und von "gib & nimm" erzählen oder von Couchsurfing oder WWOOF oder HelpEx. Es gibt schon so viele gute Ansätze. Viele Menschen sind unterwegs und im Umbruch. Alles Liebe dir von Heidemarie"

Damit war die Angelegenheit für mich eigentlich abgeschlossen. Nun treffe ich hier auf die gleichen Informationen und frage die Frau an der Rezeption, ob es sich vielleicht um eine Frau Schwermer gehandelt hat, da mir der Nachname noch in Erinnerung geblieben ist. „Ja, genau! Die Heidemarie!", antwortet sie völlig überrascht, von mir den Nachnamen zu hören. Ich erkläre kurz, dass ich Frau Schwermer nicht kenne, sondern, wie oben beschrieben, auf sie aufmerksam gemacht worden bin. Die Frau an der Rezeption ist erst seit einer Woche hier angestellt. Welch ein Zufall!

„Frau Schwermer ist, soweit ich weiß, zurzeit in Kassel aufhältig", erzählt sie weiter. „Aber ihre Freundin, die Dorothea, wohnt hier im Ort. Wissen Sie was, ich gebe Ihnen mal ihre Adresse."
Sie notiert mir den Namen und die Adresse der Freundin von Frau Schwermer (ohne Telefonnummer). Außerdem gibt sie mir noch einen Tipp für einen möglichen Zeltplatz auf einem Pferdehof. Ihren eigenen Namen hat sie mir bis-

her nicht genannt oder ich habe ihn überhört. Da es bereits Zeit wird, noch einen Zeltplatz vor Einbruch der Dunkelheit zu finden, mache ich mich umgehend auf in Richtung des Pferdehofes. Nach wenigen Metern begleitet mich eine junge Frau, die auf dem Weg zu ihrem Querflötenunterricht ist. Sie liebt klassische Musik, vor allem Mozart. Da ist er wieder, der Mozart, meine Verbindung nach zu Hause.

Die Pferdehofbesitzerin hat alle Unterkünfte vermietet und keinen Platz mehr frei. Sie verweist mich an einen in der Nähe gelegenen Bauernhof. Als ich dort ankomme, sehe ich Wiese in Hülle und Fülle. Platz genug also für mein kleines Zelt. An der Eingangstür hängen mehrere Sprüche mit Hinweisen auf die Herzenswege, stehen Engel und viele nette Dinge mehr. „Es könnte mir hier gefallen", denke ich. Leider öffnet niemand und insgesamt sieht der Hof verlassen und teilweise wie eine Baustelle aus. Auch bei den zahlreichen Wohnwagen, die auf einer hinter dem Hof gelegenen Wiese stehen, kann ich niemanden antreffen. Ich gehe also nochmals zum Pferdehof zurück. Die Pferdehofbesitzerin teilt mir mit, dass die Eigentümerin des Bauernhofs in einem dahintergelegenen Haus wohnt und ich klingel dort. Die Bäuerin öffnet mir, lehnt mein Gesuch jedoch ab. Somit bleibt mir nichts anderes übrig, als weiter zu laufen und weiter zu suchen. Ich komme in ein etwas außerhalb gelegenes Industriegebiet und sehe bei einem Busunternehmen noch Licht im Büro. Ich betrete das Büro und bringe mein Anliegen bei bereits einsetzender Dunkelheit vor. Die Anwesenden schauen sich zunächst etwas ratlos an. Dann fasst sich der Firmeninhaber ein Herz und bietet mir hinter seinem Bürogebäude ein Stück Wiese an. Sie ist gerade mal zwei Meter breit und vier Meter tief. Für mich ein idealer Platz, da ich glaube dort hinter dem Gebäude recht windgeschützt mein Zelt aufstellen zu können. Direkt im Anschluss ist das Nachbargrundstück. Es bietet mir durch eine zwei Meter hohe Plane ebenfalls einen guten Windschutz. Als ich mich auf dem Grundstück niederlassen und mein Zelt aufbauen will, bellt mich plötzlich ein Wachhund des Nachbargrundstücks an und hört auch bei gutem Zureden nicht auf. „Das kann Ihnen wohl die ganze Nacht passieren", sagt der Busunternehmer. „Er wird sich schon beruhigen. Und ich werde trotzdem schlafen", antworte ich, froh, rechtzeitig vor der Dunkelheit, doch noch einen guten Lagerplatz gefunden zu haben. „Nachts ist hier jetzt am Wochenende aber niemand mehr in der Firma", teilt er mir mit. Umso mehr schätze ich sein Vertrauen, mich trotzdem hier zelten zu lassen. Für seine Mitarbeiter hat er ein Plakat aufgehängt, das sie darauf aufmerksam macht, dass ich mich mit Erlaubnis hinter dem Gebäude mit meinem Zelt aufhalte. Außerdem stellt es klar, dass ich während meines Aufenthaltes die sanitären Einrichtungen mit benutzen darf. Als ich mein Zelt aufgebaut habe, ist es auch schon dunkel. Es ist jetzt 17:45 Uhr. Hinter dem Gebäude leuchtet eine Neonlampe und ersetzt mir den Mond. „Sie bleibt auch die ganze Nacht an", erzählt mir die Raumpflegerin, die noch einige Zeit hier zu tun haben wird. „Sie können auch duschen, wenn Sie wollen", sagt sie. Dieses Angebot nehme ich dankend an. Nach dem Duschen gestattet sie mir, mich in den Gemeinschaftsräumen der Mitarbeiter aufzuhalten, wo ich die weichen Brötchen esse, die ich von der Frau aus Rath geschenkt bekommen habe.

Auch einige meiner Haselnusskerne esse ich als „Kraftfutter" gegen die Kälte der Nacht. Außerdem kann ich dort meinen Handy-Akku aufladen. Um 18:30 Uhr ist es stockdunkel. Insgesamt fühle ich mich gut.

Für morgen früh habe ich mir überlegt, ob ich nicht die Freundin von Heidemarie Schwermer aufsuchen soll, um ein wenig mit ihr über „unsere" Idee zu sprechen. Ich schreibe in mein Tagebuch: „Ich bitte die Engel dafür zu sorgen, dass ich sie antreffe. Ich bitte sie hiermit darum, sie kennenzulernen und zu sprechen; auch um mehr über Heidemarie Schwermer zu erfahren, die erkrankt sein soll."

Es ist spannend. In der Nacht kommt alle zwei Stunden der Hund an mein Zelt und bellt ein paar Minuten. Der Wind pfeift heftig zwischen der Plane und dem Gebäude hindurch. Es stürmt regelrecht und meine Zeltplane flattert laut, wie das Segel eines Segelbootes auf hoher See. Der Wind bläst das Zelt aber auch trocken. Selbst die am Abend vorher noch nasse Wiese ist am nächsten Morgen getrocknet.

Samstag, 08. November 2014 (5. Tag)

Um 06:00 Uhr stehe ich auf. Schreibe einen Brief an die Bauernhofbesitzerin, die mein Gesuch gestern abgelehnt hat. Ich gehe in diesem Brief auf ihre Situation ein und schildere ihr, dass mich ihre Absage zu einer guten Unterkunft geleitet hat und sie sich keine weiteren Gedanken zu machen braucht. Diesen Brief werfe ich zusammen mit einer meiner Visitenkarten in ihren Briefkasten. Die Sonne scheint so gut sie kann, um die augenblicklichen 8° noch nach oben zu treiben.

Als ich gegen 07:40 Uhr vom Bauernhof in Richtung Hotel laufe, kommt vor mir aus einer Seitenstraße ein Polizeifahrzeug gefahren und betrachtet mich eine Weile; fährt dann aber, ohne mich anzuhalten oder zu kontrollieren, weiter. Auf der Heckscheibe steht: Einbrecher entdeckt... Wähle 110! Ich muss schmunzeln.

Es ist noch still ringsum. Ein Mann kommt, als ich gerade auf einer Gartenmauer sitze und in meinem Tagebuch schreibe, aus seinem Haus und ruft mir zu: „Wenn sie den Ruhrtalweg wandern wollen, müssen sie in die andere Richtung gehen", und zeigt in die Richtung. Er ist freundlich und will mir wirklich nur helfen.

Ich gehe weiter in Richtung Stadt und bedanke mich bei den Mitarbeitern der Metzgerei, in der ich gestern nochmals nach dem Weg zum Pferdehof gefragt hatte. Sage, dass es mir gut geht. Die junge Verkäuferin von gestern ist heute Morgen auch wieder da und hat mir schon von

Weitem freundlich zugewinkt. Unterwegs finde ich noch eine Bierflasche und eine Plastik-Mehrwegflasche. Die Mehrwegflasche liegt auf einer Wiese, einem Privatgrundstück, auf dem neben der Wiese ein altes Haus steht. Dieses Haus war mir gestern schon aufgefallen und ich hatte überlegt, dort um einen Zeltplatz auf der Wiese anzufragen. Ich hatte es dann aber doch nicht getan. Die Flasche lag gestern noch nicht dort, da bin ich mir sicher. Ich überlege kurz, ob ich das Grundstück betreten und die Pfandflasche mitnehmen soll. In diesem Haus scheint, den Vorhängen nach, eine ältere Person zu wohnen. Auf Grund dieser Vermutung und der aktuellen Uhrzeit kommt für mich ein Klingeln nicht in Frage. Ich entschließe mich, die Flasche von der Wiese zu holen, sie gegen das Pfand einzutauschen und es in die pro dogbo Spendendose zu tun.

Im Hotel am Park ist zunächst niemand an der Rezeption, jedoch sitzen einige Gäste im Speisesaal und frühstücken. Ich warte im Foyer. Nach wenigen Minuten erscheint zu meiner großen Freude die gleiche Frau, die mir gestern bereits einen Stadtplan geschenkt hat und mir die Adresse von Heidemarie Schwermer's Freundin gab. Sie kommt lächelnd auf mich zu. Ich bedanke mich bei ihr und erzähle ihr, wie es mir ergangen ist. Dann will ich weitergehen. Sie bietet mir einen Kaffee an. Ich überlege kurz und stimme schließlich zu. Sie holt für mich einen Kaffee mit Zucker und Milch und stellt ihn mir auf einen Couchtisch, um den herum drei bequeme Sessel stehen. „Sie können gerne auch vom Buffet frühstücken, wenn Sie wollen. Das geht auf Kosten des Hauses", sagt sie, doch ich lehne ab. Irgendwie habe ich das Gefühl, dass sie das Frühstück aus eigener Tasche bezahlen würde. Ich verweise darauf, dass meine Jutetasche noch reichlich mit Essen gefüllt ist und bitte sie stattdessen darum, ein Foto von mir zu machen. Auf der Schiefertafel mit weißem Rahmen mir gegenüber steht: „Herzlich Willkommen." Genauso habe ich mich von ihr behandelt gefühlt. Während ich noch sitze und meinen Kaffee trinke, kommt eine Frau herein, die dringend zur Toilette muss. Kein Problem. Eine Selbstverständlichkeit für sie, es ihr zu erlauben. Ich erzähle der Frau von der Rezeption, die mir ihren Namen immer noch nicht genannt hat, dass ich gern die Freundin von Frau Schwermer besuchen würde, um mit ihr zu sprechen und will wissen, ob dies angebracht erscheint. „Sie wird sich sicherlich freuen, jedoch ist auch sie gesundheitlich nicht gut zurecht und lässt daher den Tag etwas langsamer angehen", erklärt sie mir. „Ich würde es so gegen Mittag probieren", rät sie. Normalerweise breche ich gegen Mittag auf, um von einer Hauptstraße aus weiter zu trampen. „Mal sehen", denke ich. „Ich heiße übrigens Molly", sagt sie. „Grüßen Sie sie schön von mir."

Gerne würde ich nun zuerst das Leergut irgendwo abgeben und bemerke am Wegesrand einen Mann und eine Frau, die sich angeregt unterhalten. Als ich auf gleicher Höhe mit ihnen bin, spreche ich sie an und frage, ob ich wohl eben stören darf. „Sie stören nicht", sagt der Mann und erklärt mir den Weg zur nächstgelegenen Tankstelle. Der Weg dorthin führt mich auf eine Brücke über die Ruhr. An der Tankstelle tausche ich die beiden Pfandflaschen ein und die Kassiererin steckt die 33 Cent Pfandgeld direkt in die Spendendose. Sie erkundigt sich: „Wie kamen Sie auf die Idee?" Ich erkläre es ihr. Doch immer noch, wenn es darum geht, zu erklären, dass ich dabei bin zu lernen, wie ich mich fühle, wenn ich beschenkt werde, versagt meine Stimme. Sie wünscht mir viel Glück auf meinem Weg. Nachdem mir ein Mitarbeiter der Tankstelle erklärt hat, wie ich später am besten weiter in Richtung Arnsberg trampen kann, setze ich mich zum Schreiben auf die Leitplanke der Ruhrbrücke in die herrlich scheinende Sonne.

Auf dem Weg in die Stadt ruft mir ein entgegenkommender junger Mann von der gegenüberliegenden Straßenseite zu: „Viel Erfolg!", obwohl er mein Schild nicht gesehen haben kann.

Eine alte Frau mit Rollator spricht mich an, ob ich ihr sagen könne, wo man hier gut zu Mittag essen kann. Ich begleite sie bis zum Hotel am Park.

Auf dem weiteren Weg in die Stadt komme ich an einen Bahnübergang, dessen Schranke sich gerade schließt. Eine andere alte Frau mit Rollator kommt auf mich zu und fragt, nachdem ich mich mit meinem Rucksack auf eine nahestehende Parkbank gesetzt habe, ob sie mit mir sprechen könne und setzt sich vor mir auf ihren Rollator. Sie wohnt in einem Altenzentrum, welches man von hier aus gut sehen kann. „Ich habe das einzige Zimmer, das mit Blumen geschmückt ist", erzählt sie mir. „Ich habe den Krebs besiegt", sagt sie. „Vorerst zumindest", und lächelt dabei. Sie ist eine weise Frau und weiß das auch. Sie erzählt aus ihrem Leben und ich höre ihr zu. Wir sitzen in der wärmenden Sonne. Irgendwann bricht sie auf, will noch einen Kaffee trinken gehen und lädt mich ein, falls ich ins Altenzentrum komme, dort ebenfalls einen Kaffee zu trinken.

In dem Moment kommt ein Bekannter von ihr, ein älterer Mann mit seinem Hund. Unaufgefordert spricht er mich an und erzählt mir, dass er früher im Rathaus gearbeitet hat. Er erzählt mir von seinen Erfahrungen, als er seinen „Pilgerweg" gegangen ist. Ich weiß nicht, ob ich ihn richtig verstanden habe. Er fragt mich, warum ich es mache und verweist darauf, dass es nicht gut sei, wenn mein Motiv die Flucht vor etwas sei. Dieser Hinweis stimmt mich etwas nachdenklich, denn ich habe gelernt bei Hinweisen genauer hinzuhören und sie nicht gleich abzuhaken oder gar zu verdrängen. Deshalb horche ich in mich hinein und frage mich selbst: „Flüchtest du vor etwas?" Es bleibt ruhig in mir. Flucht ist es also nicht. Eher die Suche nach etwas, was ich noch nicht fassen, nicht beschreiben kann. Dann spricht der Mann einfach weiter: „Von oben nach unten ist einfach. Von unten nach oben ist schwierig" sagt er. „Und für die Seele ist es wichtig, den Unterschied zu erkennen", fügt er hinzu. Er wisse, wovon er redet. In diesem Moment verstehe ich nicht, was er mir damit sagen will. Dennoch schreibe ich seine Worte auf, weil ich spüre, dass sie für mich wichtig sind.

Es ist nun 10:30 Uhr und ich laufe in die Stadt. Es geht immer bergauf. Die nächste Straße, in die ich laufe ist die „Freiheitstraße". Sie geht ebenfalls bergauf und führt mich direkt in die Straße „Auf der Freiheit". Ist das schon die Antwort? Immer wieder versuche ich unterwegs eine schöne Ansicht vom Berg ins Tal zu finden, die ich fotografieren kann. Der Weg zu Dorothea hat mich von ganz unten bis weit nach oben geführt. Mit meinem Gepäck ein anstrengender Weg. Doch es hat mir gut getan und ich werde oben mit einem tollen Ausblick belohnt, jedoch immer noch kein schönes Motiv für ein Foto.

Ich setze mich auf eine Grundstücksmauer, um eine kleine Pause einzulegen. Da hält vor mir ein Fahrzeug an, das mit einem Mann, einer Frau und einem kleinen Kind besetzt ist. Die Frau öffnet das Fenster der Beifahrertür und der Fahrer fragt mich, ob ich irgendetwas benötigen würde. Ich verneine. Da der Mann mit Akzent spricht, frage ich ihn spontan, ob er Pole sei. Er bejaht. Ich nenne ihm meinen Namen: „Konigorski, ein polnischer Name. Aber ich bin Deutscher." Sie lachen. „Wir heißen Benz", sagt er. „Ein deutscher Name. Aber wir sind Polen."

Es ist 11:40 Uhr, als ich bei Dorothea ankomme. Ich klingel und nach kurzer Zeit wird mir die Tür

mittels automatischen Türöffners geöffnet. Ich trete ein, stehe im Flur. Von oben höre ich jemanden zu mir herunterkommen. Auf der Treppe über mir erscheint eine Frau und schaut mich an. Ich sage ihr nur, dass ich die Aktion: „1 MONAT DEUTSCHLAND OHNE GELD" mache und sie bittet mich einen Moment zu warten, da sie gerade dabei ist, sich von ihrem Besuch in ihrer Wohnung zu verabschieden. Sie seien gerade fertig und gleich hätte sie Zeit für mich. Schon ist sie wieder nach oben verschwunden und unterhält sich kurz mit einem Mann in ihrer Wohnung. Dann ruft sie mich von oben und bittet mich hochzukommen. Ich bin glücklich, sie angetroffen zu haben und stelle mein Gepäck im Treppenhaus ab. In der Wohnung stellt Dorothea mir den Mann vor. „Das ist Johannes aus Kranenburg", sagt sie. „Ich bin Johannes aus Kleve" antworte ich und wir beide schauen uns überrascht an. Wohnen wir doch nur wenige Kilometer auseinander am Niederrhein und treffen heute hier zusammen. Was für ein Zufall. Johannes ist Reiki-Meister und kann sicherlich noch viel mehr. Er ist gerade mit seiner Energiearbeit fertig und muss weiter. So verabschieden wir uns, nachdem wir kurz unsere Daten ausgetauscht haben. Wir können uns ja später noch treffen und ergründen, warum wir uns heute hier begegnen durften.
Dorothea und ich setzen uns in der Küche an einen Tisch. Sie sitzt mir gegenüber und beginnt ein wenig von sich zu erzählen und ich von mir. Es ist mir im Augenblick unmöglich, die zahlrei-

chen weiteren nicht erklärlichen Zufälle aufzuschreiben, die sich für sie und mich dabei her-
ausstellen. Wir haben sofort eine starke Verbindung und gemeinsam ohne erklärlichen Grund
Tränen in den Augen. Nach nur wenigen Minuten bietet sie mir an, diese Nacht bei ihr zu
schlafen. Damit nicht genug. Sie eröffnet mir,
dass sie am nächsten Tag geplant hat, Heidemarie Schwermer zu besuchen und fragt mich, ob
ich nicht Lust hätte, mitzukommen. Ich realisiere
gar nicht richtig, was hier gerade mit mir pas-
siert.

Obwohl es ein Riesengeschenk für mich ist, habe ich keine Schwierigkeit damit, ihr Angebot,
bei ihr übernachten zu dürfen, anzunehmen. Ich
freue mich einfach. Sie steht sofort auf, um mit
Heidemarie telefonisch abzuklären, ob es ihr
recht ist, wenn ich mitkomme. In diesem Moment brechen bei mir alle Dämme und ich muss
richtig weinen. Nicht wirklich wissend warum,
denn schließlich kenne ich Heidemarie überhaupt nicht. Nachdem sie Heidemarie die aktuelle Situation, die ja eigentlich für alle rational
nicht zu erklären ist, geschildert hat, ist Heidemarie damit einverstanden, dass wir sie am
nächsten Tag gemeinsam besuchen.

Als ich mich etwas entspanne und aus
Dorotheas Wohnzimmerfenster blicke, habe ich
plötzlich genau den Ausblick, den ich zuvor die
ganze Zeit auf meinem Weg zu ihr gesucht hatte.
Ich mache das Foto und spüre, dass ich zur
richtigen Zeit am richtigen Ort bin.

Wir beschließen, bei diesem wunderschönen Wetter einen Spaziergang zu machen und uns dabei besser kennenzulernen. Der Spaziergang führt uns in den Wald. Es ist genauso wie bei uns am Niederrhein. Wir laufen wohl gut einein-halb Stunden und unterhalten uns dabei. Sie erzählt mir aus ihrem Leben. Offen und ehrlich. Ohne Scheu. Sie vertraut mir persönlichste Din-ge an, als wenn wir uns schon ewig lange ken-nen würden.

Als wir zu ihr nach Hause kommen, haben wir großen Appetit und spüren auch unsere Müdig-keit. Wir bereiten das Abendessen. Sie macht einen Salat mit Rote Bete, Tomaten, Oliven und Schlangengurken. Ich hole Brot und Würstchen aus meiner Tasche. Dazu trinken wir Ingwertee. Sie ist müde und möchte sich gerne eine Stunde hinlegen.

Eigentlich wollte sie, dass ich mir in dieser Zeit einen Film von bzw. über Heidemarie Schwer-mer ansehe, kann ihn aber momentan nicht fin-den. Mein Gefühl sagt mir, dass ich Heidemarie erst morgen kennenlernen soll. Ich spüre, dass meine erste Begegnung mit Ihr eine persönliche Begegnung sein soll. Ich habe sie noch nie ge-sehen. Noch nicht einmal ein Bild von ihr. Ich bin sehr gespannt auf unsere erste Begegnung. Immer noch kann ich mir nicht erklären, warum ich so weinen musste, als ich hörte, dass es morgen zwischen mir und ihr zu einem persön-lichen Treffen kommen wird.

Die Gespräche mit Dorothea sind sehr intensiv gewesen und haben mir in einigen Punkten schon mehr Klarheit gebracht. Sie sind auf Grund ihrer Intensität jedoch auch anstrengend und ich spüre nun in der Ruhe meine Müdigkeit. Heute werde ich also der vor Beginn meiner Reise selbst auferlegten Regel, an jedem Ort nur eine Nacht zu schlafen, untreu werden. Der Ort hat sich nicht geändert. Die Schlafstätte ist jedoch eine andere. Das ist vollkommen ausreichend, beschließe ich. Abstand davon nehmen, alles zu regeln, loslassen, annehmen, akzeptieren lernen sind einige der Aufgaben auf diesem, meinem Weg. Bei Guido konnte ich es noch nicht. Eine Veränderung in mir, die ich feststelle – und sie fühlt sich gut an. Was habe ich doch für ein Glück! Eine unbeschreibliche Dankbarkeit breitet sich in mir aus. Es wird still und fängt an zu dunkeln. Dorothea hat sich in ihr Zimmer zurückgezogen und schlafen gelegt. Ich beginne mit dem Abwasch. Spülen und Abtrocknen fällt mir leicht und so kann ich mit Freude etwas zum Gemeinwohl beitragen. Nach einer Stunde ist sie wieder wach und hat sich überlegt, ob wir vielleicht ein Spiel spielen wollen, um Spaß zu haben. Ich weiß jedoch, dass ich ein schlechter Verlierer bin und teile ihr dies auch sofort mit. Als sie das hört, ist sie überrascht. Spontan entscheidet sie, dass wir uns auch einfach unterhalten können. Wir unterhalten uns den ganzen Abend. Eigentlich ist es eher ein Therapiegespräch – zumindest für mich. Irgendwann gehen wir schlafen.

Sonntag, 09. November 2014 (6. Tag)

Als ich am Morgen aufwache ist mir eine kleine Szene aus unserem Gespräch sofort wieder präsent und es ist mir aufgefallen, dass ich in dieser Phase nicht in meinem Gefühl bleiben konnte, sondern sich mein Verstand in den Vordergrund gedrängt hat. Ich hatte es bereits gestern Abend bemerkt, konnte es jedoch in dem Moment nicht ändern. Heute Morgen, als ich mich an diese Szene erinnere, gelingt es mir sofort, in mein Gefühl zurück zu kehren und ich bin dankbar dafür.

Dorothea erzählt mir, dass es gestern wohl ca. 23:30 Uhr gewesen ist, als wir schlafen gingen. Mir fällt auf, dass ich gestern während des Gesprächs völlig die Zeit vergessen habe.

Eine weitere Sache fällt mir plötzlich auf: Meinen „neuen" Regenschirm habe ich gestern schon wieder, diesmal jedoch nur 15 Meter von Dorotheas Haus entfernt, stehen lassen. Ich hatte versucht, von der Straße aus eine schöne Aufnahme ins Tal und auf die Stadt zu machen, was mir allerdings nicht gelungen war. Ich gehe also hinaus, um den Regenschirm zu holen. Diesmal hat er auf mich gewartet und hängt immer noch am Grundstückszaun.

Vor der Haustür wartet heute Morgen auch die scheue, graugestreifte Katze „Kitty", die mich sofort an unseren Kater zu Hause erinnert. Sie ist das genaue weibliche Gegenstück.

Das bringt es mit sich, dass ich auch an mein „weibliches Gegenstück", meine Frau, denke.

Ich versuche mich mit ihr zu verbinden, tippe innerlich ganz vorsichtig bei ihr an und sage: „Hallo, ich bin es, Johannes." Dann lasse ich sie wieder in Ruhe.

Dorothea und ich sitzen am Frühstückstisch und unterhalten uns. Sie lebt die Idee der Tauschringe ebenfalls. Schenken, Tauschen, Geben, Nehmen, Teilen.

Sie hat gefrorene Zitrone mit Schale geraspelt und mit einem Teelöffel Zuckerrohrmelasse verrührt. „Dies ist sehr lecker und nährstoffreich", sagt sie. Es schmeckt etwa wie Lakritz.

Wir sprechen über Gefühle und Ängste und Dorothea berichtet mir, dass sie „Innere Reisen" anbietet. Bereits drei Mal hatte ich während unseres Gespräches den Impuls gespürt, sie darum zu bitten, mit mir eine „Innere Reise" zu machen, es aber nicht in die Tat umgesetzt. Hatte mich nicht getraut, sie zu fragen, da sie schon so viel für mich getan hat und tut. Als ob sie es gemerkt hätte, dass ich mich nur nicht traue, meinen Impulsen zu folgen und sie um eine „Innere Reise" zu bitten, fragt sie mich plötzlich ganz direkt, ob ich nicht noch eine „Innere Reise" unternehmen möchte, bevor wir uns zu Heidemarie auf den Weg machen. „Ich möchte schon, aber werden wir dann nicht viel zu spät bei Heidemarie eintreffen", frage ich. „Du musst lernen, deinen Impulsen besser zu folgen und lernen, dass du annehmen darfst!" höre ich meine innere Stimme. Ich überlege, wie ich ihr für ihre Arbeit einen „Energieausgleich" zukommen lassen kann. Während meiner Wanderung kann ich ihr kein Geld geben. „Kann ich ihr vielleicht einfach nach Beendigung meiner Wanderschaft Geld überweisen", frage ich mich. Dies fühlt sich aber auch nicht richtig an. In dem Moment sagt Dorothea: „Solltest du überlegen, mir für deine innere Reise einen Energieausgleich zukommen lassen zu wollen, so möchte ich, wenn ich mich damit selbstständig gemacht und eine eigene Homepage eingerichtet habe, dass du mir dort ein Feedback über deine Erfahrungen hineinschreibst. Dies wäre für mich sehr wertvoll und würde mir deine Wertschätzung für meine geleistete Arbeit zeigen." Für mich ist das nur eine Kleinigkeit, für sie jedoch von unschätzbarem Wert. Ich nehme ihr Angebot dankend an. Dorothea beschließt Heidemarie anzurufen, um mit ihr abzuklären, ob es für sie ok ist, wenn wir erst später zu ihr kommen. Als sie aufsteht, um zum Telefon zu gehen, überkommt mich völlig überraschend eine Gefühlswelle und ich muss richtig heftig weinen. Ich kann mir überhaupt nicht erklären, warum. Selbst als sie bereits telefoniert, kann ich es nicht stoppen. Zunächst ist Heidemarie nicht davon begeistert, dass wir später kommen wollen. Als sie jedoch hört, dass es sich gerade erst ergeben hat, dass für mich eine „Innere Reise" ansteht, willigt sie sofort ein und freut sich für mich. Ich lege mich also mit dem Rücken auf das Sofa und bin ganz bei mir. Dorothea setzt sich auf einen Stuhl vor das Sofa und ist ganz bei sich.

Nach kurzer Zeit begleitet sie mich in meine Gefühle, die sich wie ganz von alleine einstellen und bei mir melden. Sie hilft mir, meine Gefühle zu erkennen und auch zu benennen. Gefühle wie Kraftlosigkeit, Mutlosigkeit, Wut und viele andere mehr melden sich und wollen gesehen werden. Dorothea hilft mir, meine Gefühle anzuschauen, ihr Aussehen zu beschreiben, sie anzusprechen, sie willkommen zu heißen, sie als einen Teil von mir anzunehmen. Schließlich fordert sie mich auf, meinen Gefühlen zu erlauben, dass sie alles mit mir machen dürfen, was sie wollen. Ein schwerer Schritt, der mich Überwindung kostet. Aber nur durch diesen Schritt können die Gefühle aus der zuvor erfahrenen Verdrängung hervortreten. Dadurch verliert sich völlig die Angst vor ihnen. Sie gehören gleichwertig wie alle anderen Gefühle zu mir. Ihre Anerkennung und Annahme führt in mir zu einer völligen Entspannung. Dies ist die Kurzform einer anderthalbstündigen „Inneren Reise", die von zahlreichen körperlichen Gefühlen und Tränen begleitet wurde.

Auch die während der „Inneren Reise" erhaltenen Bilder und ihre Bedeutung kann ich hier nicht beschreiben, da sie einfach zu persönlich sind. Eine solche Erfahrung kann nur jeder für sich selber machen. Jeder, dem sich die Gelegenheit dazu bietet, sollte sie nutzen!

Es ist inzwischen 12:00 Uhr, als wir zu Heidemarie aufbrechen. Ich stelle bei Dorothea eine gewisse Unruhe beim Autofahren fest. Trotz Navigationssystem ist sie unsicher, wann sie wo ab- oder entlangfahren muss. So kommt es, dass wir uns verfahren und das ganze Autobahnkreuz einmal abfahren müssen. „Jetzt machen wir eine Kreuzfahrt", sagt sie und lacht, als sie die Doppeldeutigkeit ihrer Worte bemerkt. „Ja, wer weiß.", antworte ich.

Wir kommen gut bei Heidemarie an, die sich jedoch nicht mehr, wie Molly meinte, in Kassel, sondern nun schon wieder in Herne aufhält. Ich halte zwei Tragetaschen mit Lebensmitteln, die wir für sie und uns mitgebracht haben, in Händen. Dadurch kann ich Heidemarie, eine Frau in den 70ern, nicht sofort begrüßen bzw. zur Begrüßung umarmen. Sie ist ja für mich immer noch eine völlig fremde Frau. Sie kommt auf mich zu. Ich beuge mich etwas zu ihr nach vorne und wir drücken uns aneinander. Ich spüre sofort, dass wir beide offen sind für unsere Begegnung. Ich bemerke aber auch, dass ich von der „Inneren Reise", trotz der längeren Fahrt hierher, noch immer nicht ganz im „Hier und Jetzt" zurück bin. Heidemarie weist mich auf einen Sessel am Fenster hin, durch das die Sonne herrlich ins Zimmer scheint und bittet mich, dort erst einmal Platz zu nehmen und ganz hier anzukommen. Ich setze mich und brauche noch ca. 15 Minuten Ruhe und Zeit für mich selbst.

Dorothea und Heidemarie beginnen in dieser Zeit in der Küche aus den von uns mitgebrachten Lebensmitteln ein leckeres Essen zuzubereiten. Dann setzen wir uns gemeinsam an den Tisch und essen. Dabei erkundigt sich Heidemarie nach meinen Erfahrungen und ich beginne zu erzählen. Ab und zu stoppe ich und Dorothea springt ein und erzählt weiter von unseren gemeinsamen gestrigen Erlebnissen. Heidemarie ist klar, ihre Augen leuchten vor Begeisterung. Sie lebt ihren Traum schon seit über 18 Jahren. Nach dem Essen geht Dorothea raus an die frische Luft. „Ich muss mich bewegen", sagt sie und lässt mich mit Heidemarie allein.

Wir haben jetzt Zeit ganz für uns. Wir unterhalten uns und nach einer gewissen Zeit spüre ich, dass Heidemarie eine Ruhepause benötigt. Ich folge meinem Impuls und spreche sie direkt darauf an. Sie ist dankbar dafür, dass ich das erkannt habe und legt sich bereitwillig ins Bett, um sich auszuruhen. Heidemarie hat ein neues Buch herausgebracht. „Das Sterntalerexperiment II – Mein Weg nach Innen." Es ist eine überarbeitete und ergänzte Ausgabe des früher unter dem Titel: „WunderWelt ohne Geld" erschienenen Buches autobiografischer Erzählungen. Gerade als ich anfangen will, darin zu lesen, kommt Dorothea von ihrem eineinhalbstündigen Spaziergang zurück. Sie hat während dieses Spaziergangs überall herumgefragt, wo ich vielleicht für heute Nacht mein Zelt aufschlagen kann und einige Plätze gefunden. Als sie mir die Möglichkeiten aufzählt, weiß sie noch nicht, dass Heidemarie mir kurz zuvor angeboten hat, diese Nacht bei ihr zu verbringen. Ich habe ihr Angebot dankend angenommen, verspüre ich doch ein freudiges Gefühl, in ihrer Nähe sein zu dürfen. Dorothea ist darüber etwas überrascht, weiß sie doch, dass es Heidemarie gesundheitlich nicht besonders gut geht. Aber sie akzeptiert ihre Entscheidung und setzt sich zu ihr ans Bett. Sie unterhalten sich. Ich wertschätze die Bemühungen von Dorothea sehr, dass sie geeignete Schlafplätze für mich gesucht hat, kann es ihr aber in diesem Moment nicht rüberbringen. Ich vermerke es daher in meinem Tagebuch, dass ich dies noch unbedingt nachholen möchte.

Nachdem Dorothea, viel später als geplant, nach Hause gefahren ist, sind Heidemarie und ich wieder allein. Heidemarie muss unbedingt noch eine Mail beantworten, hat aber das Guthaben für ihre Internet Flat bereits aufgebraucht und daher zurzeit keinen Internetzugang mehr. Ich bin froh, ihr mit meinem Handy aushelfen zu können. So kann sie sich über mein Handy in ihren Account einwählen und die Mail doch noch beantworten. Sie fragt mich, ob ich Lust hätte, mit ihr Rommé zu spielen. Auch ihr sage ich ehrlich, dass ich kein guter Verlierer bin. Wir entscheiden, es aber trotzdem miteinander zu probieren. Und es klappt gut mit uns beiden. Gegen 22:00 Uhr gehen wir zu Bett, nachdem wir noch gut gemeinsam zu Abend gegessen haben.

Montag, 10. November 2014 (7. Tag)

Als ich morgens früh aufwache, schreibe ich zunächst in meinem Tagebuch. Ich stehe auf, als ich Heidemarie im Bad höre. Ihr Telefon klingelt. Sie kann es nicht hören. Ich weiß nicht, ob ich es klingeln lassen oder dran gehen soll. Ohne es mir erklären zu können, gehe ich an ihr Telefon. Eine Grenzüberschreitung, wie mir jedoch erst jetzt bewusst wird. Es ist ein Bekannter, der von meiner Anwesenheit weiß und mich bittet, Heidemarie etwas auszurichten. Als sie aus dem Bad kommt und ich ihr von dem Telefonat berichte, nimmt sie es zunächst nur zur Kenntnis. Nach einer Weile jedoch spricht sie mich darauf an und wir können ganz offen über Grenzen, Grenzen erkennen, Grenzen wahren, Grenzen überschreiten usw. miteinander reden. Etwas, das für mich Seltenheitswert hat. Meistens ist es doch so, dass nicht darüber gesprochen wird und sich dadurch nach und nach Mauern zwischen Menschen aufbauen, die zu Abgrenzungen und Ausgrenzungen führen. Diese können durch Gespräche, wie ich es jetzt mit Heidemarie führen darf, vermieden oder wieder aufgelöst werden. Heidemarie macht mir deutlich, was das Überschreiten von Grenzen für Folgen haben kann und ich merke, dass ich mich im Erkennen und Einhalten von Grenzen noch üben muss. Sie erklärt es mir an unserem Beispiel: „Am Telefon war mein ehemaliger Freund, der Gottseidank nicht eifersüchtig ist. Er hätte aber durchaus eifersüchtig werden können, durch das Telefonat zu erkennen, dass ein fremder Mann bei mir übernachtet hat." Ja, diese Dimension hatte ich nicht im Blick und recht hat sie, mich darauf hinzuweisen. Eine echte Lehrstunde für mich.

Danke Heidemarie!

Sie hat bereits für uns beide den Frühstückstisch gedeckt. Neben meinem Teller liegt ihr neues Buch: „Sterntalerexperiment II" mit einer persönlichen Widmung versehen und handsigniert.

Ich bin gerührt.

Wir frühstücken ganz in Ruhe. Sie genießt das gemeinsame Frühstück und isst richtig gut. Wir unterhalten uns über ihr und mein Leben. Plötzlich fragt sie mich, ob mir Kartenlegen bzw. Kartenziehen fremd sei. „Nein", sage ich. Sie freut sich und ich freue mich ebenso. Sie holt ein Tierkartenset hervor und legt den Kartenstapel auf den Tisch. Sie bittet mich, die Karten im Halbkreis zu verteilen. Heidemarie stellt eine Frage und lässt mich zu dieser Fragestellung eine Karte aus dem Stapel ziehen. Anschließend liest sie den Text zu der von mir gezogenen Karte bzw. zu dem darauf abgebildeten Tier vor. So ziehe ich zu vier verschiedenen Fragen jeweils eine Tierkarte und erhalte die dazugehörigen Informationen. Meine gezogenen Karten sind die Ameise, der Wal, der Luchs und der Otter.

Es ist faszinierend, was Heidemarie für mich daraus ableiten kann.

Am Ende sind wir beide mit dem Ergebnis sehr zufrieden.

Bevor ich mich gegen Mittag erneut auf Wanderschaft begebe, will sie mir gerne noch etwas von der näheren Umgebung zeigen. Heidemarie zieht sich Schal und Mantel an und sieht darin richtig chic aus. Wir laufen zunächst durch eine Allee, die einen „Stone-henge" kreisförmig umschließt. Ich bin erstaunt über ihren forschen, jugendlichen Schritt, den sie trotz ihrer Krankheit beibehält. Sogar eine Abkürzung über einen kleinen Berghang schlägt sie vor, nimmt ihn in Angriff und bewältigt ihn ohne meine Mithilfe. Erst ganz oben darf ich ihr meine Hand reichen und ihr den letzten Meter hinaufhelfen. Von dort aus steigen wir über eine Steintreppe auf eine Art Pyramide hinauf, von der aus man einen wunderschönen Ausblick über Herne und seine Umgebung hat. Nachdem wir eine Weile auf einer Bank gesessen haben, gehen wir weiter zur „Arche Noah", wie sie die „Akademie Mont Cenis" wegen ihrer Holzkonstruktion nennt. Wir gehen durch sie hindurch. Am anderen Ende steht ein öffentlicher Bücherschrank. Ein sogenannter „Gib und Nimm Bücherschrank", in den jeder Bücher, die er nicht mehr benötigt, einstellen oder auch Bücher, die er gerne lesen möchte, kostenlos mitnehmen kann. „Diese Bücherschränke gibt es inzwischen an vielen Stellen", erklärt sie mir. Dann kehren wir in „ihre" Wohnung zurück. Es ist natürlich nicht ihre Wohnung, sondern sie ist lediglich Hüterin dieser Wohnung für die Zeit der Abwesenheit der eigentlichen Inhaberin. Dort packe ich meine Sachen und wir verabschieden uns mit einer herzlichen Umarmung. Ich halte sie vorsichtig fest. In diesem Moment wirkt sie sehr zerbrechlich auf mich. Sie gibt mir noch ein paar Äpfel mit, die sie selbst erst gerade von Dorothea geschenkt bekommen hat. Ich nehme sie nochmals in den Arm. Dann breche ich auf und laufe los. Aus dem Fenster zum Hof schaut und winkt sie mir noch hinterher. Ein Ritual von ihr bei der Verabschiedung ihrer Gäste.

Heidemarie persönlich kennenzulernen war für mich ein großes Geschenk. Da sie seit über 18 Jahren ohne Geld lebt, war und ist sie ständig unterwegs und an den verschiedensten Orten der Welt „zu Hause". Es ist daher ungewöhnlich und eine absolute Ausnahme, sie durch so viele „Zufälle", wie sie mir widerfahren sind, anzutreffen; geschweige denn, die Gelegenheit zu bekommen, sie erfahren und kennenlernen zu dürfen!

Mein Weg führt mich auf einen Platz in Herne-Sodingen, auf dem vor einer Sparkasse mehrere Bänke stehen. Auf einer der Bänke sitzend telefoniere ich erst einmal mit Dorothea und bedanke mich bei ihr für ihre Bemühungen, mir in Herne einen möglichen Zeltplatz für die Nacht zu organisieren. Wir sprechen eine Weile miteinander und schließlich folge ich einem Impuls, den ich bereits am Vortag bekommen, aber nicht ausgesprochen hatte. Sie erzählt mir daraufhin, dass sie sich immer so von Heidemarie verabschiede, als wenn sie einander nicht mehr wiedersehen würden. Ich bin froh, dieses Thema angesprochen zu haben und auch froh darüber, dass Dorothea so gut damit umzugehen weiß. Vor einem Jahr erkrankte Heidemarie an Krebs. Umso mehr freut es mich, dass sie gestern und auch heute so voller Energie ist und bereits ihren nächsten Aufenthalt in Teneriffa plant.

Sie lebt ganz im Hier und Jetzt.

Ich betrete die Sparkasse und kann gebührenfrei das Geld von den Pfandflaschen und die Spendengelder auf das Konto von pro dogbo e. V. einzahlen. Insgesamt 76,98 Euro.

Anschließend mache ich mich zu Fuß auf den Weg zur Autobahn mit Zielrichtung Dortmund und probiere zu trampen. An der Kreuzung, an der ich auskomme, steht ein Hinweisschild A42 links und ein Hinweisschild A45 rechts, jedoch ohne Angaben, in welche Stadt die Autobahnen führen. Deshalb spreche ich einen vor der roten Ampel wartenden Pkw-Fahrer an, ob er mir sagen könne, wohin die Autobahnen führen. Der Fahrer erklärt es mir und bietet mir an, mich bis Castrop-Rauxel mitzunehmen. Das sei zwar nicht weit, jedoch könnte ich von dort leichter in Richtung Dortmund weiter trampen. Ich beginne also meine Sachen ins Fahrzeug zu legen. Die Lichtzeichenanlage ist inzwischen auf Grün umgesprungen. Ich werde hektisch. Der Fahrer sagt: "Nur die Ruhe. Sie werden warten." Tatsächlich. Niemand hupt. Nach relativ kurzer Fahrstrecke lässt er mich mit besten Wünschen an einer guten Stelle zum Weitertrampen aussteigen. Es gibt dort viel Verkehr und eine gute Seitenspur zum Anhalten.

Längere Zeit fahren alle Fahrzeuge an mir vorbei. Dann halten zwei ältere Frauen an, die mein Schild „Egal Wohin" gesehen haben. „Wir fahren nur 500 Meter weiter zum dortigen Media Markt", sagen sie. Ich bedanke mich für ihren Mut, anzuhalten. Ihr Angebot lehne ich dann aber doch ab.

Während der folgenden längeren Wartezeit schreibe ich wieder in meinem Tagebuch. Dann hält ein weißer Lieferwagen mit Kennzeichen aus München vor mir. Ein Leihwagen, wie sich später herausstellt. Der Fahrer ist auf dem Weg nach Witten, um das Fahrzeug dort zurückzugeben. Er bietet mir an, mich bis dorthin mitzunehmen.

Während der Fahrt kommen wir ins Gespräch und er erzählt mir, dass er mich zunächst auf seinem Weg zur Arbeitsstelle habe stehen sehen. Er habe sich entschlossen, mich auf seinem Rückweg mitzunehmen, falls ich noch dort stehen würde, aber eigentlich nicht damit gerechnet. Dann fragt er mich, ob ich bereit sei, nochmals in ein anderes Fahrzeug umzusteigen. Dann könne er mich auch bis nach Dortmund mitnehmen. Ich bin damit einverstanden.

Wir bringen also den Lieferwagen zurück und steigen in sein Privatfahrzeug um. Mit diesem fahren wir zur Rudolf-Steiner-Waldorfschule, wo er seinen Sohn abholen muss. Während der Fahrt sagt er den Satz: „Gemeinschaft entsteht, wenn dem, der in Not ist, geholfen wird." Ob dieser Satz von ihm ist oder er ihn irgendwo aufgeschnappt hat, kann ich nicht sagen, aber er ist mir in Erinnerung geblieben.

In der Waldorfschule angekommen fragt er mich, ob ich mir vorstellen könnte, hier auf dem Gelände der Schule mein Zelt aufzuschlagen. „Natürlich. Wenn es mir erlaubt wird, gerne", antworte ich. Ich möchte mein Zelt nur nirgendwo ohne Erlaubnis aufschlagen. Nachdem wir den Sohn abgeholt haben, machen wir uns gemeinsam auf den Weg, den Hausmeister zu suchen und ihn zu fragen, ob er mir einen Zeltplatz zur Verfügung stellen kann. An der Wohnung des Hausmeisters treffen wir zunächst auf seine Frau, die diese Entscheidung jedoch nicht treffen kann, so dass wir weiter nach dem Hausmeister suchen müssen. In aller Ruhe laufen wir durch die Schule.

Beim Durchlaufen der Gebäude fällt mir auf, dass ich eine Leichtigkeit verspüre, die ich aus den Räumlichkeiten meiner Schule nicht kenne. In meiner Schule habe ich stets Schwere empfunden.

Als wir den Hausmeister dann irgendwo in einem der vielen Gebäude finden und „mein" Fahrer ihm die Situation erklärt, schaut mich der Hausmeister schmunzelnd an und fragt: „Geht auch eine Matratze? Oder muss es unbedingt ein Zeltplatz sein?" „Eine Matratze wäre natürlich super", antworte ich. „Dann kommen Sie mal mit. Campen bei dem Wetter ist nicht so toll. Das weiß ich aus Erfahrung", sagt er und geht voraus.

Nachdem ich mein Gepäck aus dem Fahrzeug geholt und mich in tiefer Dankbarkeit mit herzlicher Umarmung von meinem Fahrer verabschiedet habe, gehe ich wieder zur Hausmeisterwohnung zurück. Der Hausmeister erwartet mich bereits und führt mich über eine auf der Rückseite des Gebäudes gelegene Tür in den Keller. Dort lädt er mich ein, es mir in einem Zimmer, welches eigentlich als Büro genutzt wird, bequem zu machen. Außer dem Klappbett und dem Schreibtisch befindet sich auch noch eine Küchenzeile darin. Nebenan ist das Bad. Dann übergibt er mir einen Zimmerschlüssel und den Sicherheitsschlüssel für die Hintertür. Ob so alles in Ordnung sei, will er wissen oder ob er noch etwas für mich tun könne. „Im Nachbarzimmer wohnt eine junge FSJ-lerin", sagt er. Er werde ihr Bescheid sagen, dass sie nun einen Zimmernachbarn hat und sich bei der Badbenutzung absprechen muss. Diese herzliche und unkomplizierte Aufnahme hat mich wieder einmal überwältigt.

Ich habe tatsächlich noch eine Bitte an den Hausmeister und bitte ihn, mir doch etwas Informationsmaterial über die Waldorfschule zur Verfügung zu stellen. Nach einigen Minuten kommt er mit einem kleinen Stapel verschiedener Informationsschriften zurück. „Bitte sehr", sagt er, lächelt und ist auch schon wieder weg. „Rudolf-Steiner-Schule Dortmund. Die Schule fürs Leben", lese ich. „Herzlich willkommen in einer besonderen Schule", lese ich weiter. Und jetzt sitze auch ich hier, in der „Schule meines Lebens".

Es ist jetzt erst 16:10 Uhr und ich habe bereits mein Nachtlager gefunden, kann also den restlichen Abend ganz entspannt planen und gestalten. Die Sonne scheint immer noch und von dem angekündigten Regen ist bisher kein Tropfen gefallen. Die einzigen Tropfen, die hier gefallen sind, waren meine Freudentränen über die herzliche Aufnahme. Ich entscheide mich, noch einen Spaziergang zu machen, mir die Schule und die nähere Umgebung anzusehen. In der Abenddämmerung habe ich mich nun auf den Weg gemacht und laufe ein wenig zwischen den sich leerenden Schulgebäuden hindurch. Die Kinder werden abgeholt. Die Waldorfschule liegt oberhalb des Dortmunder Zoos auf einer Anhöhe. An den Zoo an-grenzend folgt unmittelbar der Botanische Garten. Ein wunderbarer Platz für Sportler und Erholungssuchende gleichermaßen, die einfach mal ihre Seele baumeln lassen möchten. So wie ich heute Abend.

Es ist 17:30 Uhr. Nach den vielen tiefgehenden Erlebnissen tut mir nun die Entspannung richtig gut. Ich bin wieder in meinem Zimmer, habe aber die Zimmertür offen stehen. Die FSJ-lerin, Daria, kommt aus dem Bad an meine Zimmertür und begrüßt mich.

Obwohl ich heute bisher nur gefrühstückt habe, verspüre ich keinen Hunger. Da meine Jutetasche aber noch reichlich mit Nahrungsmitteln gefüllt ist, beschließe ich in aller Ruhe und mit Genuss zu Abend zu essen. Ich breite alles auf dem Schreibtisch aus und esse. Wie von fremder Hand geführt zeichne ich an diesem 7. Tag hinten in mein Tagebuch einige Strichzeichnungen und bemerke erst am Schluss, dass es meine innere Entwicklung darstellt, die ich in diesen sieben Tagen durchlebt habe.

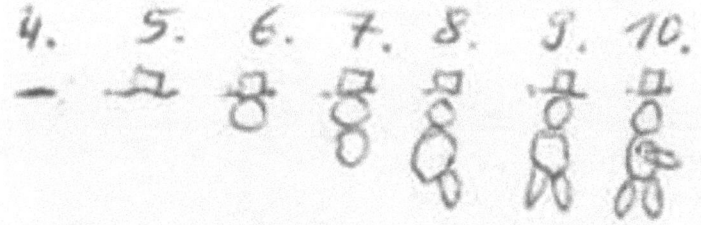

Neben meinem Schreibtisch hängt ein Schild auf dem steht: Glück ist Talent für das Schicksal. Novalis.
Gerade habe ich den Luxus genossen, heute sogar zum zweiten Mal duschen zu können. Um 19:00 Uhr habe ich es mir in meinem Schlafsack gemütlich gemacht, um die Informationsmaterialien durchzulesen, da klopft der Hausmeister an meine Zimmertür. Sie würden jetzt in die Stadt fahren und einkaufen. Ob sie mir aus der Stadt etwas mitbringen sollen, will er wissen. Ich wertschätze ihr Angebot, lehne aber ab, da ich im Augenblick noch ausreichend mit Lebensmitteln versorgt bin und mir selbst ja auch nichts kaufen kann. Dann erkundigt er sich, wie der Morgen ablaufen könnte und schlägt vor, dass ich um 08:00 Uhr zu ihm in die Wohnung hochkomme, um mit ihm und seiner Frau zu frühstücken. Ich freue mich sehr über dieses Angebot und nehme dankend an. Vielleicht ergibt sich

daraus eine Möglichkeit für mich, mehr über die Waldorfschule und ihre Möglichkeiten zu erfahren.

Als der Hausmeister in mein Zimmer kam, um den Ablauf für den kommenden Morgen abzustimmen, antwortete ich ihm, dass ich sicherlich um 06:00 Uhr bereits weg sein könnte, was ihn augenscheinlich irritierte. Ich spürte auf einmal in mir das Gefühl, dass ich stören könnte und ich daher lieber frühzeitig flüchten wollte. Also ist meine Aktion vielleicht doch eine Art Flucht, weil ich meine zu stören oder fehl am Platze zu sein? Die Worte des alten Mannes am Bahnübergang kommen mir wieder in den Sinn.

Beim Hausmeister war dies jedoch mit Sicherheit nicht der Fall gewesen, sonst hätte er mich ja nicht zu sich zum Frühstück eingeladen. Dadurch habe ich meine Fehleinschätzung deutlich vor Augen geführt bekommen. Ich war wieder einmal in ein „altes Muster" der Beurteilung bzw. Selbstverurteilung zurückgefallen. Gerne möchte ich das beim Frühstück erklären.

Hoffentlich gelingt mir das.

Dienstag, 11. November 2014 (8. Tag)

Es ist 05:30 Uhr. Ich liege wach, denke an Heidemarie, Dorothea, den gestrigen Tag und an Zuhause. Ich suche meine mitgenommenen Familienfotos heraus und betrachte sie. Ich verbinde
mich mit meinen Lieben. Es tut mir gut. Ich lese
noch ein wenig im „Mergelteich" Nr. 212 vom
Oktober 2014 der Georgschule, der Rudolf-
Steiner-Schule Dortmund. Dort lese ich den Artikel über den Vortrag von Renate Tautz „Vom
Umgang mit Grenzen und Konsequenzen", der
mich wieder an mein Gespräch mit Heidemarie
erinnert.
Um kurz vor 08:00 Uhr kommt der Hausmeister
zu mir herunter, um mich zum Frühstück abzuholen. Wir gehen gemeinsam nach oben. Der
Tisch ist schon reichlich gedeckt. Im Wohnzimmer begrüßen mich zunächst zwei Irische
Wolfshunde, die größte Hunderasse der Welt, so
weit ich weiß. Eigentlich begrüßt mich nur der
Rüde. Die Hundedame zieht sich lieber in ihre
Deckenecke zurück. Seine Frau bietet mir Tee
und Kaffee an. Dann setzen wir uns und essen
gemeinsam. Dabei unterhalten wir uns auch
über die Waldorfschule, meine eigenen Schuler-
fahrungen und vieles mehr. „Ich heiße Frauke",
sagt plötzlich die Frau des Hausmeisters zu mir
und reicht mir die Hand herüber. „Ich heiße Johannes", sage ich. „Und ich heiße Peter", sagt
der Hausmeister. Nachdem Frauke genüsslich
eine Schnitte Brot gegessen hat fällt ihr plötzlich ein, dass sie ja gleich einen Arzttermin hat,

zu dem sie nüchtern erscheinen muss. Ihr Frühstück hat damit ein schnelles Ende gefunden, bevor es richtig begonnen hat. Dadurch haben wir aber Gelegenheit uns noch eingehender zu unterhalten. Als wir aufbrechen ist es bereits 08:45 Uhr. Wir umarmen uns und ich bitte, falls es ihnen möglich ist, mir noch die Ausarbeitung einer Schülerin zu „Alternativen Lebensformen" zu besorgen, die ich in einer der Informationsschriften entdeckt habe. Dazu überlasse ich ihnen eine meiner Visitenkarten, die ich mal vor langer Zeit in übergroßer Zahl von meinem Schwager geschenkt bekommen hatte.

Peter gibt mir noch ein paar Tipps, wie ich auf dem kürzesten Weg zur nächsten Möglichkeit, weiter zu trampen, gelangen kann. Es geht zunächst über das Schulgelände. Dann durch einen Tunnel bis zur Hauptstraße und von dort auf die B1 in Richtung Dortmund.

Es ist noch recht kalt und sehr frisch. Ich stehe dort ca. eine halbe Stunde und probiere zu trampen, bis Daniel anhält und mich mitnimmt. Er fährt nach Dortmund. „Ok", sage ich und los geht´s. Er beginnt von sich zu erzählen, fragt mich, wo es hingehen soll und ob ich Dortmund bereits kennen würde. Ich erkläre kurz meine Aktion und sage ihm, dass mir Dortmund noch unbekannt sei. „Das geht ja man gar nicht", sagt er als gebürtiger Dortmunder. Er fährt mit mir zu einem See, an dem ein Stahlkochkessel steht, zum neuen BVB-Fußballstadion, wo er mir seinen BVB-Schal von 2012 schenkt, der schon viele Spiele gesehen hat, wie er sagt. Wir machen dort ein paar Fotos. Diesen Schal werde ich in den nächsten Tagen noch oft und gut brauchen können. Warum habe ich eigentlich keinen Schal mitgenommen, frage ich mich, wobei mir meine innere Stimme auch gleich die Antwort gibt: „Weil du ja diesen Schal geschenkt bekommen solltest." Das Gleiche gilt sicherlich auch für die vielen Handtücher, die ich immer wieder geliehen bekomme. Der kalte Wind im Nacken, meiner empfindlichsten Stelle, wird mir nun nichts mehr anhaben können, freue ich mich. Vielen Dank, Daniel.

Dann fahren wir weiter und er setzt mich in der Innenstadt am Beginn der Fußgängerzone ab. Zuvor hat er mir noch kurz den Aufbau der Stadt erklärt, so dass ich nun auch weiß, wie ich weiter gehen muss, wenn ich heute Nachmittag weiter trampen möchte. Ich begebe mich in das nächstgelegene Café, ein Starbucks Coffee House. Dort frage ich an der Theke, ob ich mich in den Räumlichkeiten aufhalten und aufwärmen darf, auch wenn ich nichts verzehre. Ich weise auf mein Schild hin und erhalte die Erlaubnis. Die Bedienung hinter der Theke bietet mir ein Glas Wasser an. Dies ist kostenlos. Ich nehme das Wasser an und setze mich in den vorderen Bereich mit Sicht in die Fußgängerzone. Christian, ein Mann um die 30, sitzt am Tisch neben mir und spricht mich auf mein Schild an. Ich berichte ihm bereitwillig von einigen meiner bisherigen Erlebnisse und er fragt immer wieder interessiert nach. Nachdem er informiert ist, fragt er nochmals ungläubig nach: „Sie nehmen also wirklich kein Geld an?" „Genau", sage ich, „Geldspenden gehen bei mir immer direkt in die Spendendose meines anerkannt mildtätigen Vereins pro dogbo." „Dann gebe ich ihnen jetzt 5 Euro in ihre Spendendose", entscheidet er. „Und für Sie selbst", hakt er nochmals nach, „vielleicht einen Tee oder Kaffee?" „Einen Tee, ein warmes Getränk, würde ich annehmen", sage ich. Er geht los und kommt kurz darauf mit einem heißen Tee zurück und verabschiedet sich.

Kaum ist Christian weg, spricht mich ein älterer Mann an, der neben Christian Platz genommen hatte. Dieser erklärt mir die Geschichte von Dortmund, die Entstehung, die Kultur, die Menschen und Möglichkeiten. Draußen hat es zwischenzeitlich angefangen zu regnen. Die Menschen haben ihre Regenschirme aufgespannt und es sieht nicht so aus, als wenn es bald wieder zu regnen aufhören würde. Die drei Bettler, die ich in der Fußgängerzone wahrgenommen hatte, sind auch nicht mehr zu sehen. Es ist jetzt 12:00 Uhr. Der Mann ist bereit auf mein Gepäck aufzupassen, während ich zur Toilette gehe. Danach bietet er mir einen Tee an. Da ich meinen Tee gerade erst ausgetrunken habe, lehne ich dankend ab. Ich packe meine Sachen und breche auf, um in Richtung Autobahn zu laufen.

Vor mir in der Fußgängerzone bemerke ich eine ca. 30 Jahre alte Frau, die, obwohl ordentlich und unauffällig gekleidet, von einem Mülleimer zum nächsten läuft, hineinschaut, aber nichts für sie Brauchbares darin findet. Die meisten

Bettler, die ich bisher in den verschiedensten Fußgängerbereichen gesehen habe, hatten offensichtliche Verkrüppelungen. Diese Bettler bekamen von den Passanten zahlreiche Geldstücke in ihre Becher oder Schalen geworfen. Ich laufe in Richtung Autobahn und finde eine gute Stelle zum trampen mit langer, breiter Möglichkeit für Fahrzeuge anzuhalten. Zwei junge Frauen und ein junger Mann kommen an mir vorbeigelaufen. Eine der beiden Frauen spricht mich an und verspricht mir: „Wenn Sie in drei Stunden noch hier stehen, nehme ich Sie mit." Einerseits bin ich über dieses Angebot erfreut, anderseits hoffe ich natürlich, hier nicht noch so lange stehen zu müssen. Sie würde mich mit nach Schwerte nehmen, hatte sie gesagt. 15 Minuten später hält ein Fahrzeug und nimmt mich mit – nach Schwerte. Der Fahrer fährt mich noch an seinem eigentlichen Zielort und Wohnsitz vorbei, bis zu einem Pferdehof, bei dem er meint, dass ich um einen Zeltplatz anfragen könnte. Dort treffe ich die Gestütsbesitzerin an, die mir empfiehlt bei einem nahegelegenen Bauernhof zu fragen, der etwas abgelegener, idyllischer liegt, als ihr Gestüt, so direkt an der Hauptverkehrsstraße. Dort öffnet mir die Seniorbäuerin die Tür und würde mich wohl auf dem Hof zelten lassen, hat jedoch hier nicht mehr das Sagen und schickt mich eine Tür weiter zur jetzigen Bäuerin. Diese ist damit allerdings nicht einverstanden und so bleibt mir nichts weiter übrig, als die Straße immer weiter bergauf zu

laufen, in der Hoffnung, dort noch eine geeignete Möglichkeit
zu finden, mein Zelt aufzuschlagen. Ich liebe es, auf einer Anhöhe mein Zelt aufzuschlagen, da man von dort einen weiten Blick ins Land hinein hat und den Abend und den Sonnenuntergang genießen kann. Natürlich ist es auf den Höhen auch immer etwas kälter.

An manchem Haus und mancher Tür klingel ich an, werde aber überall weitergeschickt. Dann erreiche ich eine Bergkuppel in Villigst und mir fällt ein unbebautes Grundstück auf, eine Wiese, auf der gerade erst einige alte Nadelbäume gefällt wurden. Diese Wiese zwischen den gefällten Bäumen würde einen wunderschönen Zeltplatz abgeben. An dieses Grundstück grenzt ein schlichtes Fachwerkhaus mit Garage. An diesem Haus klingel ich und warte. Nach einiger Zeit erscheint ein älterer Mann im Fenster und winkt mir zu, als Zeichen, dass er sich aufmacht zu kommen. Er öffnet schließlich die Tür und begrüßt mich freundlich. Als mich der „Alte" empfängt, strahlt er über das ganze Gesicht. Er freut sich richtig über mein Kommen, obwohl ich für ihn doch eigentlich nur ein Fremder mit einem Rucksack bin. Ich schildere ihm mein Anliegen und er erwidert: „Na klar. Das machen wir so. Das werde ich ja wohl noch entscheiden können. Es ist ja schließlich noch mein Eigentum. Neben den Bäumen ist noch genug Platz für dein Zelt. Such´ dir mal ein schönes flaches Stück Wiese aus. Nicht so die Hanglage. Und wenn was ist, dann melde dich bei mir, ich bin ja da." Er klopft mir aufmunternd auf die Schulter, als wäre ich ein alter Kriegskamerad, der aus der Gefangenschaft heimkehrt. Dann erzählt er mir noch, was es mit dem Grundstück und den Bäumen auf sich hat. Er erzählt mir, dass er bereits 94 Jahre alt ist, der alte Herr Graefe. Dann geht er wieder in sein Haus.

Ich beginne mein Zeltlager zu errichten, als ein Nachbar zu mir kommt. Der Nachbar erhält das Holz der gefällten Bäume, muss es sich aber selber zersägen. Er erzählt mir, dass der Sohn von Herrn Graefe mit seiner Mutter, die im Rollstuhl sitzt, zum Zahnarzt gefahren ist. Sie würden sicherlich bald wiederkommen. Als ich das Zelt aufgebaut habe, sind sie jedoch noch nicht zurück. Ich setze mich auf eine weiße Bank, die auf der Wiese steht, genieße den Sonnenuntergang und schreibe in mein Tagebuch, als der Nachbar erneut zu mir kommt. Er setzt sich zu mir und erzählt mir aus seinem Leben. Von seiner Flucht aus Schlesien im Alter von 9 Jahren. Von den Baumfällarbeiten und dass am Straßenrand Haselnusssträucher standen, die er ebenfalls entfernt hat, da nun auf diesem Grundstück ein Haus gebaut werden soll. Die Haselnusszweige habe er kräftig ausgeschüttelt und zum Schluss die Haselnüsse nur noch mit einem Rechen zusammen geharkt. Einige Kilogramm Haselnüsse habe er so zusammen bekommen und die Zweige werde er nach und nach an das Dammwild verfüttern, das ganz heiß darauf sei. Die restlichen Haselnüsse seien für die Eichhörnchen, wovon er eines, welches besonders zutraulich ist, „Ella" nennt.

Als wenn er sie gerufen hätte, kommt eine Mutter mit ihrem Jungen an den Zaun gelaufen. Dann kommt ein Fahrzeug die Einfahrt hoch gefahren. Der Sohn mit seiner Mutter und einer polnischen Pflegekraft kommen zurück. Die Mutter ist sichtlich erschöpft, begrüßt mich aber trotzdem freundlich und ihre Augen strahlen eine tiefe Herzlichkeit aus. Schon einige Male habe ich gehört: „Alt werden wollen sie alle. Alt sein will keiner." „Gemeinsam alt werden, so wie diese beiden. Wie ist es wohl gewesen?", frage ich mich. Ich schildere dem Sohn mein Anliegen und erkläre, dass sein Vater mir die Genehmigung erteilt habe. „Wenn mein Vater das so entschieden hat, dann ist das in Ordnung für mich", ist die klare Aussage des Sohnes. Ich darf also bleiben. Der Sohn fährt, nachdem er seine Mutter und die Pflegekraft zurückgebracht hat, wieder weg. Eine Stunde nach Sonnenuntergang, also etwa gegen 18:00 Uhr, lege ich mich ins Zelt und schlafe sofort ein.

Mittwoch, 12. November 2014 (9. Tag)

Um 02:15 Uhr wache ich auf. Obwohl der Mond hinter einer dicken Wolkendecke versteckt ist, ist es in meinem Zelt erneut so hell, dass ich mich darin zurechtfinden kann und alle Sachen, die ich benötige, problemlos finde. Dieses Mal kommt das Licht nicht vom Mond, sondern von zwei Straßenlaternen, die die ganze Nacht über leuchten.

Gerne würde ich mich von den beiden Alten verabschieden, meinen Akku noch aufladen und vielleicht ein Mal die Toilette benutzen, geht es mir durch den Kopf. Mal sehen, wie der Tag sich entwickelt. Ich überlege, ob ich vielleicht mit den Alten zusammen frühstücken kann. Viel habe ich ihnen nicht anzubieten. Etwas Brot und etwas Fisch. Während ich dies aufschreibe, muss ich plötzlich an Jesus und die wundersame Brotvermehrung denken.

Es ist jetzt 04:28 Uhr. Die ganze Nacht über höre ich ein monotones Rauschen oder Dröhnen, wie von einem ununterbrochen laufenden Wasserfall in der Ferne, das ich mir nicht erklären kann. Um 06:22 Uhr fährt das erste Fahrzeug die Straße an meinem Zeltplatz vorbei. Ich öffne das Zelt und schaue hinaus. „Soll ich wirklich schon aufstehen", frage ich mich. Es ist noch überall dunkel. Nein, nicht überall. Im oberen Fenster meiner Gastgeber sehe ich Licht brennen. In der Nacht habe ich schon drei Mal aus meinem Zelt geschaut, da waren immer alle Lichter aus. Nach kurzer Zeit wird das Licht jedoch wieder ge-

löscht und ich beschließe, noch im Zelt zu bleiben. Mir fällt auf, dass ich geschrieben habe –
dass das Licht gelöscht wurde – anstatt – das
Licht wurde ausgeschaltet. Warum weiß ich
nicht, aber mir gefällt das Licht löschen, was
mich an das Licht einer Kerze erinnert, besser,
als das Ausschalten des elektrischen Lichtes.
Ich beginne, meine Sachen zusammenzupacken.
Als ich gerade damit fertig bin, steht plötzlich
der Nachbar hinter mir und fragt mich, ob ich
wohl gut geschlafen habe. „Im Zwei-Stunden-
Rhythmus", sage ich. „Durch die Kälte bin ich
mehrfach aufgewacht, habe einige Tagebucheintragungen vorgenommen und dann wieder weiter geschlafen." Mir fällt auf, dass ich ja schon
um 18:00 Uhr im Zelt war und geschlafen habe.
Selbst mit den Unterbrechungen habe ich also
bis 06:00 Uhr zwölf Stunden im Zelt verbracht.
Dann habe ich insgesamt auch ausreichend
Schlaf gehabt. Der Nachbar fordert mich auf,
meine Sachen an den bereits fertig gesägten
Holzscheiben zu lagern und lädt mich ein, mit
ihm zu kommen, um etwas Warmes zu trinken.
Ich hatte es mir ja gewünscht und so trifft es
tatsächlich auch ein. Seine Frau, die sich etwas
im Hintergrund hält, macht mir eine Tasse heißen Cappuccino und bringt mir diese nach
draußen. Herr Dreßler, so heißt der Nachbar, ist
in den 70ern und hat morgen Geburtstag, wie er
mir erzählt. Wir machen es uns auf einer überdachten Terrasse hinter dem Haus in der Sonne
gemütlich. Mein Handy kann ich für die Zeit unseres Beisammenseins bei ihm aufladen. Er er-

zählt mir mehr aus seinem Leben. Er erzählt aus seiner Jugend und ich höre ihm aufmerksam zu. Wir reden über gemeinsam erlebte Zeiten und die aktuelle Situation in der Welt. Über die Arbeiten in den eigenen Gärten, die Auswirkungen der Mondphasen auf die Pflanzen und Vieles mehr. Seine Frau bringt mir eine zweite Tasse heißen Cappuccino.

Plötzlich kommt aus dem Haus eine schlanke alte Frau auf uns zu. Sie hält eine Tüte mit selbstgebackenen Plätzchen in der Hand und ein Buch mit Schnurren um & mit Pfarrer Schnurbus. Kurzgeschichten und Anekdoten aus der Region, wie ich sie liebe. „Das ist für Sie", sagt sie zu mir. „Für Ihre Wanderung und für die Stunden Ihres Alleinseins", fügt sie hinzu. Ich bin zutiefst gerührt. Herr Dreßler stellt sie mir als seine 90-jährige Mieterin, Frau Weber, vor. Sie ist immer noch sehr aktiv im Lesekreis und in anderen Gruppierungen. „Ich bin katholisch", sagt sie „Aber ich gehe in die evangelische Kirche."

Zwei Stunden sind so vergangen. Der Akku des Handys ist voll. Noch schnell auf die Toilette. Jetzt ist es Zeit aufzubrechen. Vorher möchte ich mich aber noch gerne von meinen netten Gastgebern, Herrn und Frau Graefe, verabschieden. 16 Stück Damwild kommen zum Zaun, um mich zu verabschieden. Nachdem sie vom Nachbarn einige Eicheln zu fressen bekommen haben, gehen wir gemeinsam zum Haus meiner Gastgeber hinüber. Sie sind zu Hause. Herr Graefe öffnet die Tür und empfängt mich mit den Worten: „War sicher sehr kalt. Sie haben mir Leid getan. In der Nacht habe ich gedacht, dass ich Sie lieber hereingebeten hätte." Seine Frau wird von der polnischen Pflegekraft in ihrem Rollstuhl bis zur Tür gefahren. Sie lächelt mir freundlich zu und ich gebe ihr meine Hand und bedanke mich auch bei ihr ganz herzlich. Er ist, wie mir sein Nachbar schon erzählt hat, immer gut gelaunt. „Die Bank da vorne bleibt auf jeden Fall dort stehen", sagt der Alte „Man weiß ja nie, wer vorbeikommt. Vielleicht kommt ja noch mal ein junges Mädchen hierher, mit dem ich mich dort auf die Bank setzen kann." Er lacht und kneift ein Auge zu.

Jetzt muss ich aber wirklich weiter. Herr Dreßler hat mir den Weg erklärt. Es liegen einige Kilometer Wanderweg durch schöne Landschaft vor mir. Entlang am Elsebach, der wohl die ganze Nacht so gerauscht hat. Ich wandere also bei schönem Wetter über eine schmale Straße in Richtung Iserlohn. Plötzlich stehe ich vor einer Straßensperre mit einem Hinweisschild: „Straße wegen Treibjagd gesperrt", steht darauf. Aus ca. 100 Metern Entfernung ruft mich eine Frau von einer Parallelstraße an: „Wohin wandern Sie?" „In Richtung Iserlohn", rufe ich zurück „Aber hier ist die Straße wegen einer Treibjagd gesperrt." „Dann kommen Sie hier zu mir herüber", ruft sie mir zu und weist mir den Weg in einem Bogen, der zu ihr führt. Ich drehe also wieder um und probiere nach etwa 100 Metern gegenüber von einigen Schrebergärten eine Abkürzung durchs Unterholz zu nehmen, anstatt die ca. 500 Meter Umweg über die Straße zu wählen. Kurz vor Erreichen der anderen Straße verliere ich das Gleichgewicht und lande in voller Länge in einem dornigen Brombeerstrauch und in einigen Kletten. Als ich mich erhebe bin ich voller Kletten und habe mir zahlreiche kleine blutende Verletzungen an meinen Händen zugezogen. „Ok", sage ich zu mir selbst, „Vielleicht hätte ich doch besser den Umweg gehen und die Pflanzen in Ruhe lassen sollen."

Die Frau wartet immer noch dort mit ihrem Sohn an ihrem Fahrzeug, dessen Heckklappe geöffnet ist. Der Junge führt einen Jagdhund an der Leine. Sie hütet dort ihre Schafe. Als erstes bietet sie mir, als ich sie erreiche, einen Sitzplatz auf der Ladefläche ihres Fahrzeugs an, den ich gerne annehme, um mich etwas auszuruhen. Sie fragt nach meinen Plänen und ich erzähle ihr von meinen bisherigen Erfahrungen. Sie kennt sogar das Land Benin und spendet spontan 3 Euro in die Spendendose. Sie ist auf einem Bauernhof aufgewachsen, hat Natur- und Landschaftsgärtnerin gelernt, im Hotelgewerbe in nobelsten Hotels gearbeitet und ist nun Hausfrau und Mutter, was ihr, so scheint es mir, am besten gefällt. Wir unterhalten uns eine ganze Weile und jeder, der an uns vorbeiläuft oder fährt, scheint hier in völliger Ruhe und Ausgeglichenheit zu sein. Alle halten kurz an und man unterhält sich. Zum Abschied umarmen wir uns und wünschen uns gegenseitig alles Gute.

Auf Nachfrage übergebe ich ihr einen Flyer meines Vereins. Dann gehe ich weiter auf meinem

Weg und muss an mancher Weggabelung fragen, wo es weiter geht. Ohne zu fragen wäre ich manchmal im Kreis gelaufen. An einer Wegabzweigung mit fünf möglichen Wegen begegnet mir ein Wandererpaar, das sich ebenso wenig auskennt wie ich. Wir führen ein längeres Gespräch und beide stellen mir zahlreiche Fragen und interessieren sich sehr für meine Unternehmung. Als wir uns verabschieden stecken sie mir noch 3,10 Euro in die Spendendose, geben mir ihre Email-Adresse und würden sich freuen, nach Beendigung der Tour von mir zu hören. Auf Grund der Strecke, die sie schon gegangen sind, kann ich schon zwei Wege für mich ausschließen. Ein dritter Weg ist ebenfalls wegen einer Treibjagd gesperrt. So gehe ich also weiter geradeaus durch den Wald. Es ist wunderschön, hier so ganz alleine durch einen Wald zu wandern. Es geht die meiste Zeit bergauf.

Plötzlich bemerke ich eine Frau, die sich hinter einen Stapel von Baumstämmen zu hocken scheint. Ich laufe an ihr vorbei, ohne mich umzudrehen. Dann höre ich, wie sie spricht und schaue mich um. Sie hat einen Schäferhund dabei, mit dem sie Übungen macht, um ihn zu einem Spürhund auszubilden. Ich laufe weiter. Nach kurzer Zeit komme ich aus dem Wald heraus und stoße auf eine Straße. Nirgendwo steht ein Schild und ich weiß nicht, in welche Richtung ich nun weiter gehen muss, um nach Iserlohn zu laufen. So setze ich mich erst einmal auf einen Stein und schreibe in mein Tagebuch.

Die Frau mit dem Hund kommt ebenfalls aus dem Wald, kennt sich aber zu meiner Verwunderung hier auch nicht aus. Als sie mein Schild sieht und erfährt, dass ich mich nur von Nahrungsspenden und Nahrungsfunden ernähre, kramt sie in ihrer Tasche und zaubert daraus eine Banane und einen Apfel hervor, die sie mir mit Freuden schenkt. Ich nehme beides dankend an.

Da diese Straße nur von wenigen Fahrzeugen befahren wird und ich nicht weiß, in welche Richtung ich weiterlaufen muss, stelle ich mich, als endlich ein Fahrzeug kommt, auf die Fahrbahn und halte das Fahrzeug an. Der Fahrer gibt mir auch bereitwillig Auskunft und zeigt mir die Richtung an. Ich laufe also wieder weiter und versuche gleichzeitig, wenn denn mal ein Fahrzeug kommt, zu trampen. Das zweite Auto hält an und nimmt mich mit. Der Fahrer, ein Mann, südländischer Typ, ist locker drauf. Ich bedanke mich fürs Mitnehmen und frage ihn, warum er sofort angehalten habe, um mich mitzunehmen. Er fahre diese Strecke mehrfach am Tag, sagt er. Er wisse, dass hier nur wenige Fahrzeuge fahren. „Also. Warum sollte ich Sie nicht mitnehmen", fragt er zurück. Ich lächle und freue mich. Er fährt mich bis zu einem Kreisverkehr, einer guten Möglichkeit, um weiter in Richtung Iserlohn zu trampen.

Dort positioniere ich mich erneut und nach zehn Minuten hält bereits das nächste Fahrzeug an und nimmt mich mit. Ein Mann mittleren Alters fährt mich bis nach Iserlohn. Ein Geschäftsmann, wie mir scheint, der zwar noch andere Termine hat, sich diese aber offensichtlich selber einteilen kann, denn er fährt für mich noch einen Umweg. Er überlegt, wo er mich am besten absetzen kann, damit ich möglichst schnell einen Zeltplatz bekomme. Er fährt mich in Iserlohn bis an den Seilersee und rät mir, dort bei den Schrebergärten zu fragen. Ich bedanke mich und laufe um den See herum, da die Schrebergärten auf der Seite gegenüber liegen.

Einen Mitarbeiter der Stadt Iserlohn, der mir entgegenkommt, spreche ich an und frage ihn, ob er mir vielleicht eine Rasenfläche für mein Zelt für eine Nacht zuteilen kann. „Flächen haben wir hier natürlich genug", sagt er „Aber ich kann Ihnen das Zelten hier leider nicht erlauben." Er betont es so, als wolle er mir sagen: „Wo kein Kläger, da kein Richter." Oder wie die drei Affen: „Ich sehe nichts. Ich höre nichts. Ich sage nichts." Doch ich möchte nicht ohne Erlaubnis mein Zelt irgendwo aufschlagen. Als ich ihm von den Schrebergärten berichte stimmt er mir zu, dass dies eine gute Möglichkeit sei.

Ich gehe also weiter in Richtung der Schrebergärten. Die Tore, die zu den Grundstücken und Häusern der Schrebergärten führen, sind alle verschlossen. In einem Haus sehe ich jedoch Licht und rufe ein paar Mal: „Hallo!" Nach einigen Rufen öffnet sich die Tür und eine Frau tritt heraus. „Wollen Sie zu mir?", fragt sie mich. „Ja", antworte ich. „Darf ich Ihnen eine Frage stellen?", frage ich weiter. Die Frau kommt auf mich zu und bleibt in ca. vier Meter Entfernung stehen. Ich trage ihr mein Anliegen vor. „Leider kann ich das nicht machen", sagt sie, „da die Saison gerade zu Ende ist und wir selber nun keine Zelte mehr auf den Grundstücken aufbauen und auch in den Häusern nicht übernachten dürfen." „Wenn das die Einbrecher wissen, eröffnet denen das aber beste Möglichkeiten", entgegne ich. „Ja. So gesehen haben Sie recht", antwortet sie. Sie rät mir bei den benachbarten Privathäusern zu fragen, da dort das Zelten auf Rasenflächen nicht verboten ist.

Beim ersten Haus, das mir auffällt, steht direkt neben einer großen Rasenfläche, die von einer hohen, dichten Hecke eingefasst ist, eine riesige BVB-Flagge. Das wäre ein guter Lagerplatz. Ich klingel an. Eine Frau öffnet mir. „Der Chef ist nicht da und ich kann darüber nicht entscheiden", sagt sie. Sie rät mir, im Vier-Sterne-Hotel Campus-Garden anzufragen. Ich weiß nicht, ob sie nicht verstanden hat, dass ich ohne Geld unterwegs bin.

Dennoch folge ich ihrem Rat und wandere weiter in Richtung Campus-Garden auf dem Gelände der Hochschule. Immer wieder frage ich bei mir begegnenden Studenten nach dem richtigen Weg. So auch bei zwei Frauen, die vor der Mensa stehen und sich unterhalten. Als sie von mir hören, dass ich bei dem Hotel um einen Zeltplatz für eine Nacht bitten will, sagt die kleinere Frau zu mir: „Wenn Sie dort abgewiesen werden, kommen Sie zurück und gehen in dieses Gebäude. Hier wohne ich." Dann beschreibt sie mir noch den genauen Weg zu ihrem Zimmer.

Sie stützt sich auf zwei Gehhilfen. „Danke für Ihr Angebot", sage ich.

Eigentlich habe ich jetzt schon gar keine Lust mehr, noch bei dem Hotel zu fragen. Ich mache mich aber dennoch auf den Weg, um herauszufinden, wie ich dort behandelt werde. Am Empfang des Hotels steht eine junge blonde Frau, die mir, nachdem ich meinen Wunsch geäußert habe, bedauernd und höflich mitteilt, dass das Hotel nicht über Rasenflächen verfügt, die sie mir anbieten könnte. Erleichtert, ja erfreut über diese Absage, gehe ich wieder zur Mensa zurück. Die beiden Frauen sind bereits ins Haus gegangen.

Auf Grund der präzisen Wegbeschreibung gelingt es mir, trotz der vielen Wege und Türen tatsächlich das Zimmer meiner Gastgeberin zu finden. Ich klopfe an. Mir wird die Tür geöffnet und ich sehe, dass sie nun in einem Rollstuhl sitzt. Wir stellen uns einander vor. Die beiden Frauen heißen Cinderella und Stephanie. Sie kennen sich noch nicht sehr lange, haben sich erst vor kurzem bei einem „Krankentransport" kennengelernt. Stephanie hat Cinderella transportiert und später auch schon bei einem Ein- bzw. Umzug geholfen. Cinderella bedauert, mir außer Tee oder löslichem Kaffee nichts anbieten zu können, da ihr Kühlschrank leer ist. „Kein Problem", sage ich und freue mich, meine Nahrungsspenden nun anbieten zu können. Ich packe alles auf den Tisch: Brot, die Plätzchen von Frau Weber, die Dose Fisch, einen Apfel, eine Banane und Haselnüsse. Die Frauen staunen nicht schlecht. Sie bereiten den Tee zu, wir setzen uns hin und essen gemeinsam. Wir lernen uns kennen, indem jeder etwas von sich erzählt. Es ist sofort ein ehrliches und offenes Austauschen von teils sehr persönlichen Dingen, die man eigentlich nur unter guten Freunden erzählt. So vergeht der Abend und es wird schon dunkel, als Stephanie aufbricht. Cinderella ist unsicher, ob sie mich, jetzt wo Stephanie geht, bei sich im Zimmer oder doch lieber in einer Art Garderobe im Haus schlafen lassen soll. Ich sage ihr, dass sie das ganz alleine mit sich ausmachen soll und ich in jedem Fall ihre Entscheidung respektieren werde.

Eine weitere Bekannte von Cinderella kommt zu Besuch und informiert sie darüber, dass gerade ein Vortrag eines Motivationstrainers stattfindet bzw. gleich endet, bei dem es ein Buffet gegeben hat und man könne dort bestimmt noch die Reste vom Buffet ergattern. Wir müssten uns aber beeilen. Wir machen uns auf den Weg. Sie schiebt Cinderella in ihrem Rollstuhl so schnell sie kann rüber zum Vortragssaal. Dort kommt uns gerade ein Mann mit zwei Tabletts voll mit leckeren Häppchen entgegen, um sie gerade in einen Kühlschrank zu bringen. Der Motivationstrainer begegnet uns ebenfalls und verabschiedet sich gerade von den letzten Teilnehmern. Cinderella spricht ihn sofort an und bittet ihn, ihr doch noch eine Kurzversion seines Vortrages zukommen zu lassen. Der Motivationstrainer schaut sie an, überlegt kurz und geht dann mit ihr noch mal zurück in den Saal. Er erläutert ihr kurz seine Grundgedanken. Die Tabletts mit den Häppchen werden ebenfalls wieder in den Saal zurückgebracht.

Cinderella spricht den Motivationstrainer auf ihre schwierige Situation am Campus an. Darauf, dass sie für jede Kleinigkeit kämpfen muss. Davon, dass Vereinbarungen und sogar schriftliche Absprachen nicht eingehalten werden. Davon, dass versprochene kleinere Umbauten mit denen sie vieles besser und ohne fremde Hilfe selbstständig bewältigen könnte, nicht durchgeführt werden. Hierzu führt sie automatische Türöffner an: „Um in mein Zimmer zu gelangen, muss ich etliche schwere Brandschutztüren öffnen." Eine Unmöglichkeit für Cinderella. Früher, so erzählt mir Cinderella, gab es diese automatischen Türöffner, als die Hochschule noch ein Krankenhaus war. Sie wurden später unsinnigerweise entfernt. So gibt es hier zahlreiche Dinge, die einem Rollstuhlfahrer Schwierigkeiten bereiten. Ihre Motivation hat darunter inzwischen sehr gelitten. Insbesondere die Kraft, die Energie, die Cinderella immer wieder aufbringen muss, um die Umsetzung der versprochenen Verbesserungen voranzutreiben, fehlt ihr dann bei dem für sie so unheimlich wichtigen Studium. Der Motivationstrainer ist, als er von den Gegebenheiten hört, sichtlich betroffen und kann sie auch nicht mehr wirklich motivieren. Vielmehr resigniert auch er bei solch massiven Problemen und rät ihr, sich vielleicht doch lieber nach einer behindertengerechteren Hochschule umzusehen. Nicht so einfach, wenn man sein Stipendium gerade für diese Schule erkämpft hat. Was nützen die zahlreichen sogar schriftlich festgehaltenen Zielsetzungen, wenn es nicht gelingt, diese auch in die Tat umzusetzen und behindertengerechte Verhältnisse zu schaffen, um Menschen wie Cinderella „einfaches Studieren" zu ermöglichen. Wir kehren, ohne uns am leckeren Buffet bedient zu haben, wieder in Cinderellas Wohnung zurück. Cinderella und ich unterhalten uns noch, suchen nach Lösungsmöglichkeiten, können jedoch an diesem Abend keine wirklichen Lösungen finden. Cinderella nutzt die Gelegenheit und schüttet mir allen aufgestauten Frust, ihre Wut, ihre Hilflosigkeit, ihre Mutlosigkeit, ihre Einsamkeit und viele andere Gefühle – ja ihr ganzes Herz – an diesem Abend aus. Ich höre ihr aufmerksam und geduldig zu. Am Ende hat sie wieder neuen Mut gefasst. Sie will, obwohl sie eigentlich noch eine Woche lang krankgeschrieben ist, morgen wieder zur Vorlesung gehen und ihr Studium fortsetzen. Eineinhalb Jahre hat sie schon geschafft, musste aber aus gesundheitlichen Gründen ihr Pensum auf 50% reduzieren und wird deshalb länger für das Studium brauchen, als eigentlich geplant. Sie hat das Stipendium gestiftet bekommen, weiß aber nun nicht, wie der Stifter darauf reagiert, wenn er erfährt, dass sich die Studienzeit verlängern und damit teurer wird. Auch ein Jobangebot, welches sie bereits fest zugesichert bekommen hat, hängt vom Studienverlauf ab. Finanziell sieht es auch nicht gut aus, da ihre Eltern ihren finanziellen Verpflichtungen nicht nachkommen. Viele unnötige Probleme für einen einzelnen und dazu noch körperbehinderten Menschen. Es ist bereits 00:30 Uhr als wir beschließen schlafen zu gehen. Wir teilen uns noch die Banane. Cinderella möchte in ihrem Blog über unseren Tag berichten und fragt mich hierfür um Erlaubnis, die ich ihr erteile. Cinderella heißt mit Nachnamen Glücklich. Ich hoffe und wünsche ihr von Herzen, dass sie es eines Tages sein wird.

Donnerstag, 13. November 2014 (10. Tag)

Um 07:00 Uhr stehe ich auf, um meine Erinnerungen und Nachträge im Notizbuch vorzunehmen. So viel ist geschehen, was ich nicht vergessen will. Cinderella schläft noch. Sie scheint, ebenso wie ich, einen guten Schlaf zu haben. Gegen 08:00 Uhr steht sie auf und macht sich fertig. Während ich immer noch schreibe, hat sie bereits den Frühstückstisch gedeckt. Sie fasst beim Frühstück den gestrigen Abend noch einmal zusammen. Besser hätte ich es auch nicht gekonnt. Sie hat für sich über Nacht die richtigen Schlüsse gezogen und Erkenntnisse gewonnen. Eigentlich müsste sie jetzt eine Arbeit für ihr Studium erstellen, jedoch ist ihr das Gespräch mit mir heute Morgen offensicht-lich wichtiger. Sie hat einen Schreibblock über ein Jahr lang aufbewahrt und nie genutzt. Diesen schenkt sie mir nun und hofft, dass er mir gute Dienste leistet. „Komisch", denke ich, habe ich mir doch in der Nacht gewünscht, dass sie mir einen Schreibblock überlassen möge, da mein erstes Tagebuch bereits vollgeschrieben ist. Zufall? Dazu schenkt sie mir einen Kugelschreiber „Wir für Deutschland", der paralympischen Mannschaft, der ihr ebenfalls viel bedeutet. Daneben stellt sie ein Glas selbst gemachte Johannisbeermarmelade, die ich gerne und dankend annehme. Außerdem schenkt sie mir die restlichen Teebeutel „Himmelzauber", da sie diesen Tee angeblich nicht mag. Ich packe meine Sachen und auch sie macht sich fürs Studium fertig. Sie bemerkt, dass sich eine Außennaht meiner Jutetasche löst und das Loch langsam größer wird. Sie überlegt, schaut in eine Schublade, um mir dann daraus eine große Plastiktüte zu schenken, auf der zahlreiche Rosen sind. Für sie ist es eine ganz besondere Tüte. „Ich wollte sie eigentlich nie abgeben", sagt sie mir. „In dieser Tüte habe ich damals eine 40cm große rote Rose anlässlich des 100-jährigen Rosenstadt-Jubiläums der Stadt Eltville von meinem damaligen Chef bei der städtischen Tourist-Information geschenkt bekommen. Der Künstler, der die Rose angefertigt hat, heißt Ottmar Hörl." In diesem Moment macht sie ihrem Namen wirklich alle Ehre.

Sie macht mich glücklich.

Wir treten vors Haus, wollen uns verabschieden. Sie sitzt in ihrem Rollstuhl. Mit meinem schweren Gepäck ist es gar nicht so leicht, mich zu ihr herunter zu bücken, um sie zu umarmen. Der Rucksack ist für mich nur eine momentane „Behinderung". Wie muss es sich anfühlen, dauerhaft mit einem „Handicap" zu leben?

Es ist schon 11:15 Uhr. Iserlohn ist ziemlich das Ende der Schnellstraßen und so werde ich wohl über Landstraßen versuchen müssen, weiter in Richtung Osten, Richtung Sauerland, zu kommen. Cinderella hatte mir als Attraktion den Besuch eines Handwerker-Künstler-Dorfes empfohlen. Auf Grund der bereits fortgeschrittenen Zeit entschließe ich mich jedoch, sofort weiter zu ziehen. Ich laufe bis zur Mendener Landstraße. Kaum stehe ich dort, hält auch schon ein

Fahrzeug an. Der Fahrer, ein Mann Mitte 30 braucht eigentlich nur bis Hemer zu fahren. Nachdem ich ihm von meiner Aktion berichtet habe, fährt er mich kurzentschlossen weiter bis Menden, von wo aus ich mit etwas Glück über die B7 in Richtung Arnsberg bzw. Kassel weitertrampen kann. Nachdem er mich in Menden abgesetzt hat, laufe ich zunächst weiter, bis ich eine geeignete Stelle zum Trampen gefunden habe.

Um 12:00 Uhr stelle ich mich an einer Tankstelle auf. Nach ca. 30 Minuten hält ein junger Mann mit seinem Fahrzeug und bietet mir an, mich bis Neheim mitzunehmen. „Vielleicht ist es aber auch besser für Sie, wenn ich Sie an der Hauptstraße herauslasse, bevor ich in Richtung Neheim abbiege", sagt er. An der Hauptstraße könne ich dann leichter in Richtung Soest weitertrampen. Die Sonne scheint. In der Sonne ist es richtig warm. Der junge Mann fährt mich also ca. zehn km weiter und lässt mich an der Hauptstraße Richtung Soest heraus, bevor wir uns verabschieden und er in Richtung Neheim weiterfährt.

Direkt hinter der Einmündung ist eine Parkbucht, von wo aus ich gut weitertrampen könnte. In der Parkbucht hält ein Klein-Lkw, ein Transporter. Auf dem Fahrzeug ist Werbung angebracht: „Wir fahren für Sie – Altkleider und Schuhe – Kolping", lese ich dort. Die Werbung animiert mich, den Fahrer, der hier seine Lenkzeitpause einhält, anzusprechen. Er ist kein „Kolpingbruder", sondern „nur" Fahrer. Ich zeige ihm mein Kappy „Zeltlager Vater - Kind" mit dem Kolping-Logo. Er lächelt. Beim Sprechen hat er Schwierigkeiten. Er schnalzt, schluckt mehrfach Luft und hat dabei Zuckungen im Gesicht, bevor er dann einzelne Worte klar und deutlich aussprechen kann. Ich frage ihn, ob er mich vielleicht ein Stück in Richtung Soest mitnehmen kann. Er sagt, dass er über die Autobahn an Soest vorbeifährt, mich aber gerne an einer Ausfahrt oder einem Rastplatz Höhe Soest herauslassen kann. Er ist Russland-Deutscher, seit 25 Jahren in Deutschland und spricht sowohl russisch als auch deutsch. Er fährt mich bis zum Rastplatz „Soester Boerde", wo er mich gefahrlos aussteigen lassen kann. Ich setze mich auf die Terrasse in die Sonne und schreibe Tagebuch.

In meiner Fleecejacke kann ich prima draußen sitzen. Als ein Pärchen aus der Raststätte kommt, bitte ich sie, ein Foto von mir zu machen. Sie freut sich darüber.

Der Mann interessiert sich mehr dafür, ob bzw. inwieweit mein Versuch bisher funktioniert.

Von der „Soester Boerde" führt rückseitig ein Weg in Richtung Hauptstraße und von dort in Richtung Soest. Da ich in Soest einen Bekannten wohnen habe, entscheide ich mich, ihn zu besuchen. Alles Weitere überlasse ich dem „Zufall".

Am Ortseingang von Soest frage ich einen Mann, der gerade seine Post aus dem Briefkasten holt, nach dem Weg zur Kesselstraße, wo mein Bekannter wohnt. Eine Kesselstraße kennt der Mann nicht, lediglich eine Kesselfurth und verunsichert mich dadurch. Hatte ich doch schon das Problem in Ratingen mit dem Ulmenweg bzw. der Ulmenstraße. Er kann mir nicht weiterhelfen. Bevor ich weitergehe frage ich ihn aber noch, ob er bereit sei, falls ich meinen Bekannten nicht antreffe, mir einen Zeltplatz für die Nacht zur Verfügung zu stellen. „Na klar. Klingeln Sie einfach bei Rixen. In unserem Garten ist ein Platz für Sie", antwortet er mir. Ich bedanke mich für das Angebot und gehe weiter in Richtung Soest Innenstadt.

Noch ein paar Mal erkundige ich mich nach dem Weg und laufe so eine ganze Zeit auf der Hauptstraße, bis ich auf den Wall abbiegen muss. Vom Wall geht die Kesselstraße ab und so finde ich auch das Haus meines Bekannten. Der Name steht auf der Klingel und ich bin erleichtert. Ich klingel an. Keine Reaktion. Ich klingel bei einer Nachbarin im gleichen Haus. Eine ältere Dame kommt an die Tür. Nachdem ich ihr meine Situation geschildert habe, lädt sie mich ein, erst einmal in ihre Wohnung zu kommen und mit ihr eine Tasse Kaffee zu trinken. Es gibt ein paar Zwiebacke dazu. Der Kaffee tut gut. Der Zwieback ebenso.

Normalerweise kommt mein Bekannter so gegen 16:00 Uhr nach Hause, erzählt eine andere Nachbarin, die uns im Treppenhaus begegnet. Inzwischen ist es bereits 17:30 Uhr und er ist immer noch nicht da. Ich habe von ihm nur seine Festnetznummer, die mir momentan leider nicht von Nutzen ist. Meine Gastgeberin, 85 Jahre alt, der man ihr Alter nicht ansieht, hat mich wunderbar unterhalten, muss aber zur Chorprobe und überlegt, was sie mit mir machen soll. Ich biete an, mich noch ein wenig auf die Treppe vors Haus zu setzen und zu warten. Wenn er nicht kommt, muss ich ca. 30 Minuten zurück zu Herrn Rixen laufen.

Eine weitere Nachbarin kommt, hat seine Handynummer und verspricht, ihm eine SMS zu schicken und ihn über meinen unangemeldeten Besuch zu informieren. Da diese Nachbarin jedoch gar nicht weiß, wer ich bin, schickt sie ihm lediglich die Nachricht, dass er unerwarteten Besuch bekommen hat und doch nach Hause kommen möge. Sie verlässt dann ebenfalls das Haus.

In dem Moment, als meine Gastgeberin endgültig nicht mehr länger warten kann und zur Chorprobe gehen muss, kommt eine weitere Nachbarin nach Hause und so werde ich, nachdem sie informiert ist, einfach an sie weitergereicht. Sie erklärt sich sofort bereit, mich zu „übernehmen". Wir alle haben großen Spaß daran, wie sich die Dinge so zufällig aneinanderreihen.

Sie nimmt mich nun ihrerseits mit in ihre Wohnung, ebenfalls nicht wissend, ob mein Bekannter heute überhaupt nach Hause kommt oder nicht.

Kaum sitzen wir im Wohnzimmer, kratzt es an der Terrassentür und eine gepflegte schwarz-weiße Katze begehrt Einlass. Meine Gastgeberin öffnet ihr die Tür, die Katze begrüßt mich neugierig und lässt sich auch von mir streicheln.

Dann bekommt sie etwas zu fressen und ist genauso schnell, wie sie gekommen ist, auch wieder verschwunden. Eigentlich kann sie die Tür selbstständig öffnen, wenn sie raus will. Heute jedoch setzt sie sich davor und lässt sich die Tür öffnen. Wir setzen uns an einen Tisch und unterhalten uns. Frau Thomas erzählt mir ganz offen und freimütig aus ihrem Leben, ebenso wie ich aus dem Meinen.

Kurz vor 18:30 Uhr kehrt die Nachbarin, die meinem Bekannten die SMS geschickt hat, mit ihrem Sohn, der Fußballspielen war, zurück. Er ist „Keeper" und sie haben 5:4 gewonnen. Der Junge, ein lustiger, aufgeweckter Kerl, ist ganz offensichtlich „Hahn im Korb" bei den Damen des Hauses. Seine Mutter teilt mir mit, dass die SMS meinen Bekannten erreicht hat, dass er geantwortet habe, dass er sich auf den Heimweg macht, nichtwissend, wer denn da nun zu Hause auf ihn wartet. Er hat sich für ca. 18:45 Uhr angekündigt und so ist es dann auch.

Er fährt mit seinem Fahrzeug auf den Hinterhof, um es dort zu parken. Vom Wohnzimmerfenster aus können wir sein erstauntes Gesicht sehen, als er mich bzw. uns in der Wohnung erblickt. Wir warten gespannt. Wir lachen.

Er kommt zu uns in die Wohnung seiner Nachbarin und wir begrüßen uns. „Ich habe mir schon so manche Gedanken gemacht", erzählt er, „wer denn da wohl auf mich warten könnte." Mit mir hat er aber nun wirklich nicht gerechnet. Nach einem kurzen Austausch der Ereignisse bedanke ich mich bei meinen zahlreichen Helfern und jeder geht wieder in seine Wohnung. Eine schöne Episode für die Hausgemeinschaft und für mich. Ein Haus mit einem guten Bestand an Personen unterschiedlichen Alters.

Zum ersten Mal bin ich nun hier bei meinem Bekannten zu Besuch. Bisher haben wir uns immer an den verschiedensten Orten und zu den verschiedensten Anlässen getroffen und auch das nur unregelmäßig. Ich bin froh, dass das Schicksal mich heute zu ihm geführt hat. „Erst einmal duschen?", fragt er mich. Ich nehme das Angebot dankend an. Anschließend schlüpfe ich in saubere Kleidung und fühle mich wie neugeboren.

„Ich weiß nicht, wie es dir geht", sagt er, „Aber ich habe Hunger und mein Kühlschrank ist leer. Da ich am Wochenende nicht hier bin, habe ich auch nichts eingekauft. Wie sieht es aus? Lust auf ein Bierchen rauszugehen?" „Gerne", sage ich, weise jedoch darauf hin, dass ich ohne Geld unterwegs bin. „Ist mir schon klar", erwidert er lächelnd. Wir brechen auf.

Auf dem Weg zum Restaurant „Gaststätte im Osterkamp" kommen wir durch einen Teil der wirklich schönen Stadt Soest und Dirk kann mir zu fast Allem etwas erzählen. So erhalte ich nebenbei eine kostenlose Stadtführung. Es ist eine sternenklare Nacht. Es ist kalt. Wir begegnen niemandem auf unserem Weg durch die Stadt. In dem Restaurant jedoch sitzen einige Personen verschiedener Nationalitäten. Ein Restaurant mit Atmosphäre und es riecht gut, als wir eintreten. Wir setzen uns an einen zentralen

Tisch und werden auch prompt bedient. Er bestellt sich ein Kölsch und ich mir ein alkoholfreies Weizen. Er nimmt dazu ein Gericht der Saison mit Grünkohl, Mettwurst, Kassler und Bratkartoffeln, ich ein Schnitzel mit Bratkartoffeln und frischen Champignons. Meine erste „richtige", warme Mahlzeit, seit ich unterwegs bin, fällt mir auf. Nachdem ich die Hälfte gegessen habe, bin ich eigentlich schön gesättigt. Die zweite Hälfte liegen zu lassen, kommt für mich jedoch nicht in Frage und so esse ich sie langsam und mit Genuss auf. Während des Essens unterhalten wir uns über meine bisherigen Erfahrungen, über gemeinsame Bekannte, meine Familie und über die Erlebnisse von heute mit seinen Nachbarn. Er kann gut zuhören und sich einfühlen. Er freut sich sichtlich über meinen Überraschungsbesuch und ist in der Lage, sich spontan darauf einzulassen. Dies wiederum erfreut mich. Es ist einfach schön, auch unangemeldet willkommen zu sein.

Dirk zahlt und wir brechen auf, um nach Hause zu gehen, wo einige hundert Briefe darauf warten, in Umschläge gesteckt, zugeklebt und frankiert zu werden. Es ist noch kälter geworden. Bei ihm zu Hause angekommen, machen wir uns sofort gemeinsam an die Arbeit. Es ist 23:30 Uhr, als wir mit den Briefen fertig sind. Ich bin froh, ihm hierbei behilflich sein und ihn so etwas entlasten zu können. Aus Erfahrung weiß ich, wie es ist, mit dieser Arbeit alleine fertig werden zu müssen.

„Jetzt aber ins Bett", sage ich und mir wird bewusst, was für ein riesengroßes Glück ich habe, erneut in einem warmen Zimmer und in einem Bett schlafen zu können. Dirk hat mir in seinem Büro, in dem geordnetes Chaos herrscht, eine Schlafcouch fertig gemacht und Bettzeug bereitgelegt. In dieser Nacht ist es bitterkalt draußen. Mir kommen erste Bedenken, ob ich überhaupt morgen weiter kann, im Hinblick auf die nächste Nacht, die ich vielleicht im Zelt verbringen muss. Mit diesen Gedanken schlafe ich ein, aber ich schlafe gut.

Freitag, 14. November 2014 (11. Tag)

Um 05:00 Uhr wache ich auf und habe den gleichen Gedanken, mit dem ich eingeschlafen bin, wieder im Kopf: Ein erstes Gefühl von Angst vorm Erfrieren beschleicht mich. Mein Vertrauen auf weitere sichere Führung und Fügung wackelt. Ich bekomme Impulse, die mich an meine Verantwortung für mich selbst erinnern. Ich beschließe, den Tag erst einmal kommen zu lassen und abzuwarten, wohin er mich führen wird. Behalte aber im Hinterkopf, beim Erkennen von Gefahr „vernünftig" handeln zu wollen.
Dirk hat heute erst in der dritten Stunde Unterricht. Wir werden also noch etwas Zeit füreinander haben und wohl auch gemeinsam frühstücken können. Um 06:30 Uhr stehe ich auf und mache mich fertig, lade erneut meinen Handy-Akku auf und sortiere meine Sachen. Schon zum zweiten Mal habe ich meinen Schlafsack nicht auspacken müssen. Die Wettervorhersage meldet 8° und keinen Nachtfrost.
Frisch gewaschen und mit geputzten Zähnen fühle ich mich schon direkt wieder besser. Mein Vertrauen kehrt zurück. Es wird schon alles gut gehen. Sogar meinen Bart kann ich mir bei Dirk nun mal wieder stutzen. Dirk scheint friedlich zu schlafen. Nichts rührt sich, während ich mich schon leise fertig gemacht habe. Ich liege auf dem Bett und lausche in die Stille hinein. Dadurch spüre ich, wie ich innerlich wieder ruhiger werde. Es ist 07:00 Uhr. Die Stadt und Dirk schlafen noch. Neben dem Bett liegt das Buch

„Hirn ist aus" von Urban Priol auf dem Schreibtisch. Ich lese ein wenig darin.

Normalerweise habe ich mein Handy, um nicht kontaktiert werden zu können und auch um den Energieverbrauch zu drosseln, auf Flugmodus geschaltet. Ich „ertappe" mich jetzt dabei, dass ich, als ich auf Internet, also Datenverkehr, umschalte und mehrere Emails bekomme, mir diese anschaue. Bei einer dieser Mails muss ich reagieren, wenn ich einen Artikel, den ich bei ebay zum Verkauf angeboten habe, für das gemachte Angebot sofort verkaufen will. Ohne zu überlegen habe ich dem Angebot auch schon zugestimmt. Nur blöd, dass ich ja nun eigentlich auch den Artikel nach Geldeingang sofort zusenden muss. Um solche Dinge zu verhindern hatte ich versucht, alle Auktionen vor Reisebeginn zu beenden. Bei einigen wenigen Auktionen war mir dies jedoch nicht gelungen. Ich ärgere mich ein wenig über meine unüberlegte Handlung. Diese Situation führt mir wieder einmal vor Augen, wie sehr auch ich mich inzwischen schon von der allgegenwärtigen Technik beeinflussen lasse. Sie hat mich aber auch darauf aufmerksam gemacht und dadurch sensibilisiert.

Dirk ist inzwischen aufgestanden und wir essen gemeinsam von dem, was wir uns gegenseitig anbieten können. Kaffee, Tee, Toastbrot, Käse, Wurst, Butter, Milch aus dem Münsterland, Haselnüsse und die Marmelade von Cinderella kommen auf den Tisch. Nachdem wir zusammen gefrühstückt und den Tisch abgeräumt haben, ist es Zeit, Abschied zu nehmen. Wir umarmen uns und ich lade meine Sachen auf meinen Rücken. Nochmals umarmen wir uns und er lädt mich ein, falls es so auskommen sollte, dass ich auch auf meinem Rückweg erneut in Soest lande, gerne eine weitere Nacht bei ihm zu verbringen. Er wiederholt, dass er sich gefreut hat, mich bei sich zu haben. Auch für mich war in diesen 14 Stunden viel Lebensfreude. Danke Dirk für deine spontane Offenheit. Dank auch an deine wundervollen Nachbarn für ihre Herzlichkeit.

Heute Morgen möchte ich mir ein wenig von der Stadt ansehen, bevor ich weiter trampe. Ich besuche zunächst die katholische Kirche, die zwar geöffnet ist, aber doch sehr leer auf mich wirkt. „Am großen Teich" setze ich mich an den Springbrunnen, der hier noch in Betrieb ist. In der Sonne lässt es sich gut aushalten. Ich werde nur von einem jungen Mann angesprochen, ansonsten kann ich die Ruhe genießen. Ich gehe die schmale Stiege am Loerbach entlang. Auf einem Grundstück hat sich jemand ein Tipi gebaut. Auch eine interessante Übernachtungsvariante. Am Ufer des Baches sehe ich eine Pfandflasche liegen. Der Weg dorthin ist mir jedoch durch ein verschlossenes Metalltor versperrt. Außerdem liegt sie so nah am Ufer, dass ich beim Holen riskieren würde, in den Bach zu stürzen. Ich gehe also ohne diese Flasche weiter, bin jedoch dadurch für das Leergutsammeln neu sensibilisiert worden.

Nach nur 200 Metern laufe ich an einem Gebüsch vorbei, unter dem eine offensichtlich mit Flaschen prall gefüllte Plastiktüte liegt. Wieder einmal folge ich nicht meinem ersten Impuls nachzusehen, sondern gehe weiter in Richtung der in Renovierung befindlichen Wiesenkirche. Nach 20 Metern erreicht mich der Impuls jedoch erneut und ich kehre zur Tüte zurück. In der Tüte befinden sich 18 Pfandflaschen sowie je eine leere Vodka- und Bacardi Flasche. Ich nehme sie mit. Eine Fußgängerin beschreibt mir den kürzesten Weg zur nächstgelegenen Tankstelle. Der Tankwart tauscht mir die Pfandflaschen ein und steckt die 1,84 Euro in meine Spendendose. Er und seine Frau erkundigen sich danach, was ich mache. Anschließend erklären sie mir den Weg zur Autobahn in Richtung Kassel und wünschen mir herzlichst alles Gute für meine Aktion.

Ich stelle fest, dass ich doch tatsächlich von einem bis ans andere Ende der Stadt gelaufen bin und nun zwar auf anderen Straßen, aber erneut zum gegenüberliegenden Ende zurücklaufen muss. Ich habe aber noch genug Zeit. Es ist erst 10:20 Uhr.

Die Vodka Flasche und die Bacardi Flasche kann ich in einem nahegelegenen Glascontainer ordentlich entsorgen.

Dem mir gezeigten Weg folgend komme ich nach 200 Metern an einen Haselnussbaum. Ich erkenne ihn inzwischen sofort. Unter dem Baum liegen unzählige Haselnüsse, genau wie auf dem Klever Friedhof und am Klever Bahnhof, wodurch ich erneut an Zuhause erinnert werde. Ich sammle einige von ihnen ein, um sie später zu knacken und zu essen. Während ich an der Kreuzung stehe und sie einsammle, halten mehrmals Fahrzeuge vor der Rotlicht zeigenden Ampel.

Plötzlich höre ich jemanden hinter mir pfeifen. Ich drehe mich um. Im Fahrzeug vor der Ampel sitzt eine junge, blonde Frau, lacht mich an und hält mir durch das geöffnete Fenster der Beifahrertür ein Päckchen Waffeln hin. Sie ruft mir, lachend und sich offensichtlich amüsierend zu: „Etwas Süßes für zwischendurch!" Da zeigt die Ampel auch schon wieder Grün und sie fährt weiter, bevor ich mich richtig bei ihr bedanken kann. Ich schicke ihr ein „Dankeschön" hinterher, weiß aber nicht, ob sie es noch gehört hat.

Dann laufe ich weiter über den Wall um Soest herum, bis ich zwei Männer sehe, bei denen ich mich nochmals nach dem genauen Weg erkundige. Auf meine Frage, wie ich am besten zur Niederbergheimerstraße komme, um von dort auf den Autobahnrastplatz „Soester Boerde" zu gelangen, schauen sie mich entgeistert an. Sie tun so, als ob sie überlegen und sagen mir dann, dass die Querstraße in 20 Meter Entfernung die Niederbergheimerstraße ist und ich dort nach links abbiegen muss. Wir lachen. „Das ist ja super", sage ich und ab da kenne ich mich wieder aus, da ich gestern von dort gekommen bin. Da diese Straße sehr lang ist, probiere ich dennoch zwischendurch zu trampen. Tatsächlich nimmt mich „Tommy aus Soest", wie er sich selber nennt, mit. Als er hört, dass ich mich immer Richtung Osten orientiere, bringt er mich anstatt zur „Soester Boerde" zur Anschlussstelle Soest-Ost. Von hier aus könnte ich auf die A44 in Richtung Kassel mitgenommen werden, meint er. Mir ist es an der Auffahrt jedoch zu gefährlich und so entscheide ich mich, weiter zur „Soester Boerde" zu wandern. Die Wegstrecke ist nun in etwa gleich geblieben, stelle ich fest.

Nach nur wenigen Metern finde ich eine Bierflasche und eine Pfanddose, die ich an der nur 50 Meter entfernten Tankstelle einlöse. Der Tankwart begeistert sich für meine Unternehmung, als er das Geld höchstpersönlich in die Spendendose stecken darf. Er führt mich zu einer Wandtafel, an der ein Stadtplan von Soest aushängt und erklärt mir den Weg. Ich kann mir die Wegführung gut einprägen und laufe los. An der nächsten Abzweigung finde ich erneut eine Bierflasche, kehre deswegen jedoch nicht wieder um, sondern stecke sie in meine Jutetasche. Ich komme durch Müllingsen und von dort gelange ich wieder auf die Niederbergheimerstraße. Diesmal jedoch aus der entgegengesetzten Richtung und kenne mich ab da ebenfalls wieder aus. Trotzdem halte ich zum Trampen meinen Daumen raus.

Zu meiner Überraschung hält sofort das nächste Fahrzeug an. Ein ca. 90-jähriger Mann stoppt, um mich mitzunehmen. Ich steige ein und weise darauf hin, dass es nicht mehr allzu weit sein kann, bis ich in einen Feldweg abbiegen muss, um zur „Soester Boerde" zu gelangen. Wir fahren los, überqueren die Bergkuppe, die vor uns liegt und ich erkenne nach 500 Metern, dass ich bereits wieder aussteigen muss. Er ist schon deutlich an der Abzweigung vorbeigefahren, als er sein Fahrzeug zum Stehen bringt. Ich bitte ihn um Verzeihung dafür, dass der Weg seiner Hilfe für mich nun tatsächlich extrem kurz gewesen ist, da ich die Entfernung falsch eingeschätzt habe. Er ist weder irritiert noch verärgert. Stattdessen fragt er mich: „Wo kommen Sie denn her?" Ich antworte: „Aus Kleve." „Ah", sagt er, „von Beuys. Vom Reichswald." Und dann beginnt er in aller Ruhe zu erzählen. Von seinen Kriegserlebnissen mit Kanadiern, die in seinem Keller untergekommen waren und denen beim Befüllen ihrer Magazine die Tränen herunterliefen. „März 1945", sagt er und hat diese Bilder wieder deutlich vor Augen. Ich bedanke mich bei ihm als wir uns verabschieden.

Auf dem Feldweg zur „Soester Boerde" finde ich erneut eine Pfandflasche. Als ich an der „Soester Boerde" ankomme, fällt mir sofort auf, dass der Stuhl, auf dem ich gestern in der Sonne gesessen habe, immer noch in gleicher Position dort steht und auf mich gewartet hat. In der Raststätte erkennen mich die Frau und der dunkelhäutige Angestellte sofort wieder. Die Pfandflaschen kann ich bei ihnen nicht abgeben, sondern muss zur Tankstelle nebenan. Der Mann an der Kasse der Tankstelle scheint Humor zu haben. Zunächst lehnt er die Annahme der Pfandflaschen ab, vermutlich um meine Reaktion zu testen. Als ich die Ablehnung kommentarlos akzeptiere, schaut er überrascht und lenkt ein. „Ich gebe Ihnen 16 Cent dafür", sagt er schließlich, als wenn er sich auch jede beliebige andere Summe hätte ausdenken können und verzieht dabei keine Miene. Nachdem die 16 Cent den Weg in die Spendendose gefunden haben, gehe ich wieder zurück zu „meinem" Sonnenstuhl auf der Terrasse. Ich setze mich und beginne meine Eintragungen zu machen. Anschließend plane ich zur Ausfahrt in Richtung Kassel zu gehen und hoffe, dort mitgenommen zu werden.

Eine Frau läuft an mir vorbei und setzt sich an einen Tisch hinter mir. Ein Mann kommt wenig später und setzt sich zu ihr. Ich schreibe weiter. Sie unterhalten sich. Ich kann nicht sagen warum, aber irgendwann drehe ich mich zu ihnen um und sage ihnen, dass der Stuhl, auf dem ich sitze, in dieser Position seit gestern hier auf mich gewartet hat und ich nun hierher zu ihm zurückgekommen bin. Sie sagen, dass sie mich gerade hätten ansprechen wollen und bitten mich zu sich an den Tisch. Beide wollen Näheres über meine Aktion wissen. Sie bietet mir an, mir einen Kaffee zu kaufen. Ich nehme das Angebot dankend an und unterhalte mich in der Zwischenzeit mit dem Mann. Sie kehrt nach kurzer Zeit mit einem Kaffee und einer kleinen Wasserflasche zurück. „Für Sie", sagt sie nur und setzt sich. Sie hat keine Geldbörse und will ihrem Mann das restliche Wechselgeld geben. Dieser will es anfangs gar nicht annehmen, hat es dann aber doch in der Hand und weiß nicht recht, wohin damit. „ Wie machen Sie das denn, wenn Ihnen jemand Geld geben will?", fragt er mich. Ich erkläre, dass derjenige das Geld dann in meine Spendendose stecken kann. „Dann machen wir das doch", sagt er. Ich hole meine Spendendose heraus und er steckt das Münzgeld, ca. 2,50 Euro, hinein.

Wir verstehen uns auf Anhieb. Er erzählt mir bereitwillig und offen von seinen „Lehrjahren", mit allen Schwierigkeiten, die damit verbunden waren. Er hat auch seine Erfahrungen machen müssen, ist aber nun schon seit langen Jahren im Lebensfluss angekommen und weiß die Hinweise auf seinem Weg zu erkennen, wie er sagt. „Wir heißen übrigens Joachim und Sybille", sagt er. „Ich heiße Johannes", antworte ich. Dann überrascht er mich plötzlich mit dem Angebot: „Sollen wir dich nicht mit nach Kassel nehmen, dann können wir uns im Auto weiter unterhalten. Uns interessieren Lebenserfahrungen." Voll Freude willige ich ein. Hatte ich mir doch gewünscht, heute bis nach Kassel zu kommen, ohne zu wissen, wie viele Kilometer es noch bis dorthin sind. Während der Fahrt unterhalten wir uns weiter. Er redet gerne und viel, wie er selbst sagt und so höre ich ihm bzw. ihnen interessiert zu, während sie aus ihrem Leben erzählen. Sie bringt sich auch immer wieder ein und die Gemeinsamkeiten bzw. Parallelen häufen sich. Er ist Polizist, etwa gleich alt, auch Leitstelle, hat sich inzwischen selbstständig gemacht.

Die Zeit vergeht wie im Flug. Schon fahren wir die Ausfahrt nach Kassel ab. Sie fahren extra für mich in die Innenstadt hinein, obwohl sie eigentlich noch weiter nach Thüringen wollen. Als wir ausgestiegen sind, zeigt er mir einige Produkte für die Gesundheit von Mensch und Tier, die er zurzeit vertreibt und von deren besonderer Qualität sie voll überzeugt sind. Eine Creme darf ich direkt ausprobieren und eine kleine Probe erhalte ich geschenkt. Von Sybille erhalte ich außerdem eine Banane als Proviant. Wir umarmen uns und sind gespannt, wie und wo wir uns eines Tages wiedersehen werden. Wir haben während der Fahrt im Auto über die Brauerei „Hertog Jan", die Rosenblüte im Sommer, die Fähre, das Thermalbad und Vieles mehr in Arcen in den Niederlanden gesprochen. Vielleicht werden wir uns ja dort wieder einmal begegnen!?

Ich laufe zunächst 100 Meter in Richtung Innenstadt, als mir ein junger Mann auffällt, der mit einem Schlüssel an einer Haustür hantiert. Spontan spreche ich ihn an und frage ihn, ob er mir sagen kann, wo ich hier eventuell einen Zeltplatz für die Nacht finden kann. Er empfiehlt mir, in die vorherige Seitenstraße zu gehen und dort bei der am Ende der Straße - vor Kopf - befindlichen Kunsthochschule Kassel zu fragen. Einen Mann, der gerade seine etwa vierjährige Tochter aus seinem Fahrzeug aussteigen lässt, frage ich, ob er mir sagen kann, wo sich der Eingang zur Kunsthochschule befindet, da ich keinen Eingang zur Straßenseite hin entdecken kann. Er bejaht und die Kleine sagt: "Komm mit. Ich bring´ dich hin. Ich zeig´ ihn dir." „Nix da", sagt der Vater und grinst. Er zeigt mir die Richtung.

Auf dem Weg zum Eingang der Kunsthochschule laufe ich an einem grauen Opel Astra vorbei, einem baugleichen Fahrzeug, wie ich ihn bis vor Kurzem gefahren habe. Er ist voller Grünspan. Er sieht noch schlimmer aus als meiner
zu seinen besten Zeiten. Er erinnert mich an Zuhause.

Vor dem Eingang der Hochschule treffe ich auf einige junge Leute, vermutlich Studenten der Hochschule, und frage sie, ob sie mir sagen können, ob ich für eine Nacht hier zelten darf. Da müsste ich schon den Hausmeister fragen, sagen sie und geben mir eine Beschreibung von dem Mann, der hier irgendwo auf dem großen Gelände herumlaufen muss. Ich betrete das Gebäude, um den Hausmeister zu suchen. Ein Mann, der mir entgegen kommt, zeigt auf eine Informationstafel, auf der die Hausmeister mit ihren telefonischen Erreichbarkeiten zu entnehmen sind. Ich notiere mir die Nummern und will anrufen, habe jedoch im Gebäude keinen Empfang. Als ich gerade nach draußen gehen will, um dort zu telefonieren und die Tür öffne, steht der Hausmeister vor mir. Auf meine Frage nach einem Zeltplatz für eine Nacht auf dem Gelände der Kunsthochschule, antwortet er, dass er dies nicht entscheiden kann. Derjenige, der diese Entscheidung treffen könnte, sei jedoch bereits in Wochenendurlaub und nicht mehr erreichbar. Er empfiehlt mir daher, es etwas weiter außerhalb der Stadt zu probieren.

Ich gehe also weiter. In direktem Anschluss an das Grundstück der Kunsthochschule befindet sich ein parkähnliches Wiesengelände mit allerlei Bäumen, Holzstapeln unter einem großen Überdach, ein großer Schuppen, mehrere Häuser bzw. Bauten ganz besonderer Bauart. Eines davon sieht aus wie eine riesengroße Eichel mit einem kleinen Eingang, der durch ein eisernes Gittertor verschlossen ist. Man kann jedoch hineinsehen. Außerdem steht auf dem Gelände noch ein Bauwagen, in dem Licht brennt, als ich dort ankomme. Auf der Wiese vor dem Baucontainer hantiert ein Mann, der eine Staubfiltermaske trägt, mit einer übergroßen Plane. Auf dem Bauwagen steht in großen Buchstaben: „Wohnkoffer". Der „Wohnkoffer" zieht mich förmlich magisch an. Ich gehe also durch das offen stehende Tor auf das Grundstück und auf den Mann zu. Als er mich entdeckt, zieht er die Filtermaske ab, kommt auf mich zu und streckt mir seine Hand entgegen. Ich begrüße ihn mit Handschlag und bringe ihm mein Anliegen vor. „Klar, komm doch rein", ist seine kurze Antwort. Aus dem Bauwagen vernehme ich eine Frauenstimme, die mich ebenfalls einlädt, in den Baucontainer zu kommen. Ich steige die Holztreppe hinauf, stehe im hell erleuchteten Bauwagen. „Hier wird gearbeitet und viel Staub aufgewirbelt, daher ist das Schlafen im Bauwagen nicht möglich. Sonst gerne", sagt sie. „Aber ich habe noch eine andere Idee", fährt sie fort und zwin-

kert ihrem Freund zu, dessen Bart mich an die Fernsehserie „Catweazle" erinnert. „Wie wäre es denn mit dem Haus von Professor Minke", fragt sie ihren Freund. „Ja, warum nicht. Der Professor war ja gerade noch da und hat gefragt, ob schon mal wieder jemand in seinem Haus übernachtet habe." Wir gehen gemeinsam zu einem der Häuser, die von besonderer Bauweise sind, sowohl von außen, als auch von innen. „Ich heiße übrigens Hanna", sagt sie. „Ich heiße Tim", sagt er. „Ich bin Johannes", antworte ich. „Die Häuser stehen hier bestimmt schon an die 20 Jahre und sind, obwohl sie nicht genutzt werden, noch in einem sehr guten Zustand", erzählt Tim weiter. „Sie sollen jetzt aber wohl leider abgerissen werden, da die Kunsthochschule das Gelände für einen Erweiterungsbau erhalten soll", ergänzt er. Von dem Ort, an dem mich Achim und Sybille abgesetzt haben, bis hierher zu meinem heutigen Schlafplatz waren es gerademal ca. 200 Meter. Ein absoluter Rekord!
Ich hoffe, von diesen Häusern noch schöne Aufnahmen machen zu können. Momentan ist es dafür bereits zu dunkel. Das Haus hat eine Dachbegrünung zur Wärmeisolierung. Innen bemerke ich einen ungewöhnlichen Ofen, ein ungewöhnliches Heizungssystem, besonders verkleidete Wände, keine Fenster, jedoch mehrere Öffnungen nach außen, eine Schlafstätte, die durch das Heizungssystem von unten gewärmt würde, wenn der Ofen noch funktionieren würde. Es ist in diesem Haus ohne Heizung trotzdem deutlich wärmer als draußen und das

Dach ist auch dicht, so dass es im ganzen Haus trocken ist. Trotz der offenen Stellen anstelle der Fenster bemerke ich keinen Durchzug. Ich bedanke mich für das Angebot. Die beiden jungen Leute begeben sich wieder an ihre Arbeit und ich bereite meine Schlafstätte vor, säubere den Boden, entferne Efeu, das sich im Laufe der Jahre hier breitgemacht hat. Im Haus stehen zwei Tische, auf denen ich meine Sachen ausbreiten kann. Eine echt urige Unterkunft, ohne Wasser und Strom. Aber trocken und ein Dach über dem Kopf habe ich auch! Die Batterien meiner Kamera sind leer. An einer Außensteckdose, von der auch meine Gastgeber ihren Strom für ihre Arbeiten im Bauwagen beziehen, kann ich meine Kamera zum Aufladen anschließen. Zum Glück regnet es nicht, denn meine Kamera muss dazu draußen auf dem Stromkasten liegen bleiben. Meine Gastgeber haben den Baucontainer käuflich erworben und müssen nun hier auf dem Gelände als „Projekt" daraus einen Wohncontainer bauen. Dies alles mit ihren eigenen Ideen, ihren eigenen Händen, mit Materialien vom Sperrmüll, von Hausabbrüchen und Ähnlichem. Eine zeitaufwändige Arbeit, die ihnen aber offensichtlich viel Freude bereitet. Der feine Staub, der beim Abschleifen des selbst verlegten Eiche-Stäbchen-Parketts, welches sie aus einem alten Haus holen durften, entsteht, verteilt sich bis in die kleinsten Ritzen. „Unser Projekt wird mit 2000€ gefördert", sagt er, „Davon müssen wir dann das Ausleihen der Maschinen und die Materialien bezahlen, die wir nicht kostenlos organisieren können. Hanna studiert auf Umweltingenieurin. Tim studiert Produktdesign. Sie arbeiten jeden Tag so lange es eben geht. Der Bauwagen muss termingerecht fertig werden und soll dann anschließend auf einem nahegelegenen Campingplatz von beiden als Wohnung genutzt werden. Im Oktober ist ein Artikel über sie in der Presse erschienen. „Ein Wohnanhänger aus Müll" lautet die Überschrift. „Zwei Studenten haben eine Bleibe aus Abfallmaterial gebaut. Sie waren erstaunt, was alles weggeworfen wird", heißt es dort weiter. Ich bin es auch. Die Arbeit macht beiden offensichtlich Freude. An einer Wand entdecke ich das Schild einer Baufirma. Hanna muss noch mal weg. Wir wollen, wenn sie wieder zurückkommt, gemeinsam essen. Tim macht noch einige Schleifgänge mit unterschiedlicher Schleifpapierkörnung. Als Hanna nach ein paar Stunden zurückkommt, hat sie einige Essenssachen mitgebracht. Woher sie sie hat, erzählt sie nicht. Wir setzen uns gemeinsam an einen kleinen Tisch auf der Terrasse vor dem Container, legen unsere Nahrungsmittel zusammen und jeder kann sich an allem bedienen. Hanna raucht in meinem Beisein Marihuana und erzählt von 17 und 18-jährigen Bekannten, die gestorben sind, nachdem sie irgendwelche Pillen eingeworfen haben. Sie erzählt auch von Junkies, die sie kennt. Tim wäscht sich den Schleifstaub aus dem Gesicht mit Wasser aus einer Regentonne vor dem Bauwagen. Ein kleines Metallboot mit einem verbogenen, verrußten Teelöffel schwimmt darin.

Ein Bekannter der beiden erscheint und setzt sich zu uns. Er hat Haferplätzchen dabei, die er ebenfalls zur Verfügung stellt. Trotz der Kälte ist es irgendwie gemütlich in der Runde. Tim hatte bereits mit dem Einölen des Bodens begonnen und Hanna vollendet nun seine Arbeit. Sie achten auf Bio-Produkte bei der Verarbeitung bzw. bei den Materialien. „Wir wollen ja schließlich darin leben und nicht darin krank werden", sagen sie. Nun muss das Öl erst einmal ordentlich einziehen. Es ist kalt und wird beständig kälter. Mein Schlafplatz im Haus von Professor Minke erscheint mir nun doch nicht mehr so optimal. Meine Angst, zu erfrieren, meldet sich zurück. Ich gehe deshalb nochmals in das „Minke-Haus", wie sie es liebevoll nennen und überprüfe die Temperatur. Zumindest gefühlt ist es drinnen doch deutlich wärmer als draußen.

Als ob Hanna meine Gedanken und Überlegungen erraten hat, fragt sie Tim in meinem Beisein, ob ich nicht vielleicht doch schon in ihrem Container übernachten kann. Tim ist einverstanden. Mir ist dieses Angebot sehr recht. An einer Außenwand haben sie in ca. 80cm Höhe eine Empore aus Holz von ca. 180cm x 200cm Fläche gebaut, die als Bett dienen soll. Sie beginnen alle Arbeitssachen, die auf der Empore liegen, beiseite zu räumen bzw. sie unter der Empore zu verstauen. „Im Container gibt es einen 2-Plattenherd, der mit Gas betrieben wird und gleichzeitig auch als kleine Heizung fungiert. Mit diesem kann man bei geschlossenen Fenstern in recht kurzer Zeit die Temperatur auf 10 bis 15° erhöhen", erklärt Tim. „Echt super von euch", sage ich und gehe los, um meine Sachen wieder aus „Professor Minke´s Haus" zu holen. Tim und Hanna müssen nun gehen. Die geliehene Schleifmaschine muss heute noch zurückgebracht werden, da die Leihgebühr tageweise abgerechnet wird. Wir verabschieden uns und wünschen uns gegenseitig für unsere Vorhaben alles Gute. Tim gibt mir den Containerschlüssel und wir verabreden einen Platz, an dem ich ihn positionieren soll, wenn ich morgen den Container verlasse. Ich bin nun echt müde und lege mich sofort schlafen. Kurze Zeit später klopft es an der Containertür. Tim ist noch mal zurückgekommen, hat seine Geldbörse vergessen, in der der Beleg für das Ausleihen der Schleifmaschine ist. „Ohne den Beleg würde ich Schwierigkeiten bekommen", sagt er. Jetzt wird es für ihn aber höchste Zeit. Er muss die letzte Bahn bekommen. „Diese fährt nicht so oft", sagt er und ist auch schon wieder weg. Obwohl die beiden ein Paar sind, wohnen sie zurzeit in getrennten WGs, haben sie mir erzählt, was sich aber mit dem Bauwagen dann wohl ändern soll. In der Nacht wache ich trotz Bauwagen mehrfach vor Kälte auf, schlafe aber auch immer wieder ein.

Samstag, 15. November 2014 (12. Tag)

Um 06:45 Uhr wache ich auf und weiß, dass es meine Zeit ist, aufzustehen. Gestern hatte ich die Akkus meiner Kamera aufgeladen. Heute Morgen ist der Akku meines Handys leer und ich schließe es deshalb als erstes zum Aufladen an. So kann es laden, während ich meine Sachen packe. Während der Akku lädt mache ich nun, da es bereits hell geworden ist, meine Fotoaufnahmen von den Häusern, die ich gestern nicht mehr machen konnte. Vielleicht sind es die letzten Fotos, bevor die Gebäude abgerissen werden, überlege ich.

Wie ein kleines Dankeschön für die Erinnerungsfotos erscheint es mir, als ich an der Eingangstür zu „Minke´s Haus" eine Plastikpfandflasche entdecke, die mir gestern nicht aufgefallen war. Auf dem rollbaren Werkzeugschrank im Container entdecke ich einen leeren weißen Karton. Diesen nutze ich, um mich bei den beiden nochmals schriftlich für ihre freundliche Aufnahme in ihren Container zu bedanken. Dabei kommen mir zwei Begriffe in den Sinn. „Big Brother" und „Zimmer frei". Zwei Fernsehsendungen, von denen hier auf mich eindeutig „Zimmer frei" zugetroffen hat, mit nur „grünen Karten"!

Vielen Dank Hanna! Vielen Dank Tim!

Um 08:30 Uhr laufe ich los, um bei der nächstgelegenen Tankstelle meine Pfandflaschen einzulösen. Der Mann an der Kasse schaut etwas skeptisch, als er meine Plastiktüte, die nicht wirklich sauber ist, entgegennehmen soll. Als er hört, dass sich darin Pfandflaschen befinden, entspannt er sich sofort, denn Pfandflaschen müssen an dieser Tankstelle in einem Automaten abgegeben werden und die Auszahlung erfolgt dann über einen ausgeworfenen Bon. So kann ich heute Morgen wieder eine Spende von 65 Cent in die Spendendose stecken.

Als ich das Tankstellengelände verlassen will, fährt ein Fahrzeug darauf, an allen Zapfsäulen vorbei, dreht und hält neben mir an. Der Fahrer, Vater von sechs Kindern, wie sich später herausstellt, von denen eines im Kindersitz im Fahrzeug sitzt, steigt aus. Er berichtet mir davon, dass er in den 80er Jahren, damals noch ohne Kinder, eine ähnliche Tour unternommen hat. Er hat damals kein Tagebuch geführt, sagt er und bereut dies nun. Er wünscht mir alles Gute und wir verabschieden uns.

Nachdem ich nur zehn Meter weiter gelaufen bin spricht mich eine junge Frau, die mit ihrem Kinderwagen in gleicher Richtung läuft, an und fragt, ob ich Hunger habe und vielleicht ein Brötchen essen möchte. „Ich würde es annehmen", sage ich. Sie bückt sich und holt unter dem Kinderwagen eine Brötchentüte hervor. „Welches Brötchen hätten Sie denn gern", fragt sie. „Ein Croissant, ein Normales oder ein Mehrkorn?" „Entscheiden Sie das", sage ich. „Ich nehme das, was man mir schenkt." „Dann wird das Croissant für Sie das Beste sein. Da ist am meisten Fett drin." Sie lächelt, als sie das sagt. Ich lächle zurück und nehme das noch warme

Croissant und beiße mit Heißhunger hinein. Herrlich, etwas Warmes!

Auf meinem weiteren Weg in Richtung Stadt komme ich an der Landbrotbäckerei Silber vorbei und beschließe dort zu fragen, ob ich vielleicht ein Brötchen geschenkt bekomme. Es sind mehrere Kunden im Geschäft und ich muss mich anstellen und warten. Es ist schon ein merkwürdiges Gefühl, sich vor so vielen Leuten hinzustellen und um ein Brötchen zu bitten, weil man Hunger hat und zu wissen, dass man es nicht bezahlen kann. Als ich an der Reihe bin, stehen noch eine ältere Frau und eine junge Frau mit ihren beiden Töchtern hinter mir. Als sie meine Bitte mitgehört haben und ich von der Inhaberin ein Brötchen geschenkt bekommen habe, fragen sie alle interessiert nach, was es mit meiner Aktion auf sich hat. Alle lauschen gespannt meinen Erklärungen und die beiden kleinen Mädchen bekommen ganz große Augen. So etwas haben sie wohl noch nicht erlebt.

Mit dem Brötchen in der Hand gehe ich weiter in Richtung Auepark, wo ich mich auf eine Mauer in die Sonne setze, um Tagebuch zu schreiben. Kaum sitze ich dort, kommt ein Mann auf mich zu, um mich nach dem Weg zu fragen. Da ich mich selbst nicht auskenne, halte ich zunächst eine gerade vorbei eilende Joggerin an, um sie zu bitten, ob sie ihm nicht helfen kann. Diese kann ihm jedoch auch keine Auskunft geben. Deshalb hole ich mein Handy heraus und suche nun den richtigen Weg mit meinem Navigationsprogramm für ihn heraus, das mir mein

Freund Claus für solche Fälle aufgespielt hat. Da der Mann den Straßennamen kennt, gelingt es mir auch sofort, ihm Auskunft geben zu können. So kann ich ihm nicht nur den Weg erklären, sondern ihm auch noch die genaue Entfernung und die ungefähre Zeit mitteilen, die er für diese Strecke benötigen wird. Als ich mir den Mann dann etwas genauer betrachte, fällt mir auf, dass er die gleiche Plastiktüte trägt, wie ich sie von Cinderella geschenkt bekommen habe. Die Plastiktüte mit den vielen Rosen drauf.

Schon wieder so ein „Zufall"!

„Wie hoch ist wohl die Wahrscheinlichkeit, der gleichen seltenen Plastiktüte in so kurzer Zeit nochmals zu begegnen", frage ich mich.

An Schrebergärten vorbei wandere ich ostwärts durch den Auepark. Ich muss mich links halten, hat mir eine ältere Frau gesagt. Es geht steil bergauf. An einem Mülleimer steht eine leere Bierflasche, als wenn sie auf mich gewartet hätte. Ich nehme sie mit. Im Park bin ich ganz allein mit der Natur und der Sonne. Mir ist während der gesamten Wanderung nur eine junge Frau mit ihrem Hund begegnet. Am Ende der Parkanlage angekommen bin ich auch schon nach wenigen Metern mitten in der Innenstadt. Es sind nur ca. 100 Meter, die mich aus der vollkommenen Ruhe, der frischen Luft und puren Natur in die Hektik der Stadt mit ihrem wahnwitzigen Konsumangebot katapultieren. Ich fühle mich davon regelrecht erschlagen. Hätte ich doch nur die Hinweisschilder beherzigt, die mir den Weg zur „Schöne Aussicht" wiesen und mich mit dem Schild „Einfahrt verboten" davor warnten, hier weiter zu laufen. Im nächsten Einkaufscenter kann ich die Bierflasche gegen 8 Cent eintauschen und stecke sie, nachdem ich mich auf einer Bank im Einkaufscenter niedergelassen habe, in die Spendendose. Ich lege alle meine Sachen neben mir ab.

Während ich meine Eintragungen im Tagebuch mache spricht mich eine Frau an und will wissen, wie lange ich schon unterwegs bin. Ich informiere sie und sie fragt weiter, ob sie mir noch etwas Gutes tun kann. Ich sage ihr, dass ich heute schon ein Croissant und ein Brötchen geschenkt bekommen und gegessen habe, mich jedoch sehr über ein warmes Getränk freuen würde. Sie holt Geld aus ihrem Portemonnaie und will es mir geben, damit ich mir eine Tasse Kaffee kaufen kann. Ich weise sie höflich darauf hin, dass ich kein Geld von ihr annehmen kann. Sie schaut etwas verwirrt um sich. Da es in den umliegenden Geschäften jedoch keine warmen Getränke zu kaufen gibt, die sie mir holen könnte, sie jedoch auch keine Zeit mehr hat, ist sie unschlüssig, was sie nun tun soll. Ich bemerke das und biete ihr an, sie zu einem Geschäft zu begleiten, wo sie mir einen Kaffee bestellen kann. Damit ist sie einverstanden und wir gehen auf eine andere Etage des Einkaufscenters und finden die „Feinbäckerei Ruch". Dort kauft sie mir einen „Pott Kaffee" und fragt mich, ob ich nicht doch noch ein Brötchen essen will. Ich antworte: „Ja, gerne." Sie möge sich aber zu nichts verpflichtet fühlen. Alles sei freiwillig und sie solle es selbst entscheiden. Sie bestellt für mich ein Mehrkornbrötchen mit Salami, Salat, Ei, Tomate und Gurke. Ein rundum „Gesundbrötchen". Während unseres Gesprächs erzählt sie mir, dass sie aus Oberschlesien stammt und es für sie eine Selbstverständlichkeit ist, zu helfen. Sie helfe jedoch lieber mit Lebensmitteln aus, als Geld für ungewisse Verwendung zu spenden. Sie engagiert sich in Kassel in einem Kinderhospiz, für das sie durch verschiedene Aktionen, die sie über das Jahr verteilt durchführt, insgesamt ca. 1000€ an Unterstützung leisten kann.

„Nun muss ich aber wirklich gehen", sagt sie und wir verabschieden uns. Ich setze mich an einen der Tische, die zur Feinbäckerei Ruch gehören und esse genüsslich das Brötchen und trinke den Kaffee dazu. Die Verkäuferin freut sich, als sie nun mein Schild bemerkt und erkennt, dass mir diese Frau gerade geholfen hat. Während ich den Kaffee trinke und mein Brötchen genieße, bin ich froh, dies mal in Ruhe tun zu können, mal nicht angesprochen zu werden. Ein Mann, der einige Tische von mir entfernt sitzt, nickt mir nur anerkennend und aufmunternd zu.

Es ist jetzt 11:30 Uhr. Bald wird es Zeit, mich auf den Weg zu einer Straße zu machen, von der aus ich weiter trampen kann. Doch nun, nach dem Essen, benötige ich zunächst einmal eine Möglichkeit für einen kostenlosen Toilettengang. Ich erkundige mich in der Feinbäckerei Ruch und werde von der Bedienung an ihre Tante weitergeleitet, die Pächterin der Feinbäckerei ist. Ich erkläre ihr, dass ich auf Grund meiner Aktion eine kostenlose Toilette suche. „Einen Moment", sagt sie und verschwindet in den hinteren Räumen. Zurück kommt sie mit einem Sicherheitsschlüssel für die Personaltoilette. Sie erklärt mir den Weg dorthin und verspricht, bis zu meiner Rückkehr, auf meine Sachen aufzupassen. Ich finde heraus, dass der Sicherheitsschlüssel auch auf die Personaltoilette der Herren passt, was mir die Frauen nicht mit Sicherheit sagen konnten. Als ich zurückkehre, wollen alle nähere Einzelheiten von mir erfahren. Zum Schluss bieten sie mir noch ein Stück Kuchen für unterwegs an. Gerne hätte ich mal ein Stück Sahnekuchen gegessen. Da sie besser zu transportieren ist, entscheide ich mich für eine Laugenbrezel. Sie sind darüber zwar verwundert, akzeptieren aber meine Entscheidung.

Dann verlasse ich das Einkaufscenter. Auf dem Weg zur Hauptstraße komme ich an einem Geschäft vorbei und lese auf dem Werbeschild: „Schirme und Hüte". Da der Griff meines Schirmes, den ich von Guido geschenkt bekommen habe, bereits mehrfach abgefallen ist, beschließe ich, in das Geschäft zu gehen und zu fragen, ob man bereit ist, mir den Griff irgendwie wieder kostenlos zu befestigen bzw. zu reparieren. Von der Verkäuferin werde ich an den Geschäftsinhaber weitergeleitet, der mich zunächst etwas irritiert ansieht, dann den Schirm betrachtet, überlegt und den Schaft mit Klebeband solange umwickelt, bis er so dick ist, dass er sich nur noch schwer aufschieben lässt. Der Griff ist nun wieder so fest, dass er unmöglich von alleine abfallen kann. Die „Reparatur" ist kostenlos. Als mich die Verkäuferin anspricht, um Näheres zu meiner Aktion zu erfahren, kommt der Geschäftsführer nochmals zu mir, um mir einen kleinen Faltschirm, den er zum Sonderpreis anbietet, zu verkaufen. Ich bedanke mich für sein Angebot, verweise jedoch auf meinen reparierten Schirm und darauf, dass ich kein Geld habe, um mir einen neuen Schirm zu kaufen. Außerdem betone ich, dass mir seine kostenlose Hilfe wesentlich mehr wert sei. Die Verkäuferin schmunzelt.

Ich laufe weiter und frage mich zur B3 in Richtung Göttingen durch. Dort stelle ich mich zum trampen auf und werde kurze Zeit später nach Ihringshausen mitgenommen. Das sind zwar nur 5 km, aber ich bin zumindest schon mal raus aus der Stadt und in ländlicher Umgebung. Der Fahrer, Sascha, bietet mir an, falls ich nicht weiter mitgenommen werden sollte und eine Unterkunft für die Nacht benötige, ihn anzurufen. Er sei bereit mich dann wieder abzuholen und ich könnte dann bei ihm im Garten mein Zelt aufschlagen. Ich bedanke mich bei ihm, möchte aber versuchen, weiter in Richtung Göttingen zu kommen.

Bis zur Bushaltestelle in Simmershausen laufe ich. Dort probiere ich erneut zu trampen. Auf der kurzen Strecke von Ihringshausen nach Simmershausen sammle ich zwei Bierflaschen und drei Pfanddosen ein, die jedoch von einer Ma-

schine, die die Straßenränder mäht, plattgedrückt sind. Ich bin gespannt, ob ich sie trotzdem irgendwo eingelöst bekomme. Das Pfand-
logo und der Strichcode sind bei allen noch
deutlich erkennbar.
Es ist 13:25 Uhr, als ein Fahrzeug anhält. Meran,
ein Iraner, wohnt in Hann. Münden und ist bereit, mich bis dorthin mitzunehmen. Bereits am
Ortseingang von Hann. Münden beginnt er nach
einem möglichen Zeltplatz für mich Ausschau
zu halten. Als das nicht so richtig funktioniert,
fährt er mich durch die ganze Stadt, um mir die
Örtlichkeit schon mal näher zu bringen, in der
ich möglicherweise später meinen Zeltplatz selber ausfindig machen muss. Eine schöne Stadt,
die ich mir durchaus mal näher ansehen würde,
wenn ich heute nicht mehr weiter in Richtung
Göttingen mitgenommen werde. Meran lässt
mich also am Ende der Ortschaft an der Durch-
gangsstraße an einer Bushaltestelle aussteigen.
Als er mich verabschiedet schenkt er mir einen
im Fahrzeug liegenden „Stern", den er bereits
ausgelesen hat und einen „Cheeseburger", den
er sowieso nicht mehr „aufbekommt", wie er
sagt. Ich nehme beides dankend an. „Alles Gute", wünsche ich ihm und los fährt er.
Es ist 14:00 Uhr. Ich probiere noch mal weiter zu
kommen. Nach nur 15 Minuten hält eine Frau mit
einem alten, von ihrem Vater geliehenen Wagen,
an und nimmt mich mit nach Göttingen. Anja
lebt mit ihren beiden Kindern, einem Jungen
und einem Mädchen zusammen. Sie selber sei
Aussteigerin, erzählt sie mir, nachdem sie weiß,

dass ich versuche, einen Monat ohne Geld in Deutschland durchzukommen. Als sie von mir erfährt, dass ich in Göttingen beabsichtige, mir einen Zeltplatz für die Nacht zu suchen, überlegt sie laut: „Mein Vater hat eine Wohnung in Göttingen und hält sich zurzeit auch dort auf. Normalerweise wohnt er jedoch zusammen mit seiner Frau auf einem Campingplatz außerhalb der Stadt. Ich selbst wohne mit meinen Kindern in Rosdorf, in ehemaligen Bauernhofstallungen, die zu Wohnungen umgebaut wurden", erzählt sie weiter. „Der Eigentümer, ein reicher Schlossherr, betreibt eigentlich ein Autohaus, hat aber eben auch noch zahlreiche Wohnungen, die er vermietet." Schließlich sagt sie, dass ich mit zu ihr nach Rosdorf kommen könne, was ca. 10 km von Göttingen entfernt liegt. Sie könne mich dann Morgen, wenn sie den Wagen zu ihrem Vater nach Göttingen zurückbringt, wieder mit nach Göttingen nehmen, von wo aus ich dann weitertrampen könnte. Ich stimme zu, froh, so problemlos eine Schlafgelegenheit zu bekommen. Nachdem sie getankt hat, fährt sie mit mir noch eine Sightseeing-Tour durch Göttingen und erklärt mir die ganze Stadt. Während der Fahrt hat sie mir schon so einiges über sich und ihr Leben erzählt, doch erst das ganz private Zusammensein in ihrer Wohnung bringt mir ihr wirkliches ganzes Sein nahe. Sie habe nicht aufgeräumt entschuldigt sie sich bereits im Vorfeld. Als wir eintreffen wird uns auf Klopfen nicht geöffnet. Sie schließt die Tür auf und geht ins Haus, während ich vor der Terrassentür warte, die sie mir dann von innen öffnet. Dass die Wohnung nicht aufgeräumt sei hatte sie mir ja schon angekündigt und sie hat nicht gelogen. Die Wohnung ist für mich auf den ersten Blick ein einziges Chaos. Überall liegen Sachen aller Art herum. Sie scheinen wahllos und ohne System abgelegt worden zu sein, wo man sie gerade nicht mehr benötigte. Drei Katzen begrüßen uns und auch der „computersüchtige" Sohn, wie sie sagt, begrüßt uns mit freiem Oberkörper aus seinem Zimmer kommend. Er ist freundlich und hilfsbereit. Man merkt sofort, dass er seine Mutter liebt. Nach kurzer Begrüßung ist er wieder in seinem Zimmer verschwunden und ich werde ihn auch den restlichen Abend nicht mehr zu Gesicht bekommen. „World of Warcraft" sagt die Mutter, ein Spiel das ihn „fesselt". Hin und wieder spiele sie es selbst jedoch auch. Ich habe schon öfter von diesem Spiel gehört. Auch mein Sohn hat es eine Zeit lang gespielt. Wir setzen uns auf die schwarze Couch, die in tadellosem Zustand ist und zu einem Bett ausgezogen werden kann. Die Einrichtung des als Wohn-Schlafzimmer genutzten Raumes ist ordentlich. Das scheinbare Chaos verwirrt mich jedoch am Anfang, da ich es lieber geordnet und strukturiert habe.

Nachdem sie eine Zigarette geraucht hat, geht sie ins Bad und macht sich frisch. Anschließend bietet sie mir an, zu duschen. Dieses Angebot nehme ich dankend an und merke unter der heißen Dusche, dass mir die kalte Nacht noch deutlich in der Schultermuskulatur sitzt, die sich nun wohltuend entspannt. Ich fühle mich anschließend wieder wie neu geboren. Anja erzählt mir weiter aus ihrem Leben. Davon, dass sie ihr damals das zweijährige Kind weggenommen haben, von ihrer Drogensucht vor der Geburt der beiden jetzt bei ihr lebenden Kinder, über ihre Depressionen, ihre Psychotherapien, ihre Entscheidung, aus dem „System" auszusteigen und nun so zu leben, wie sie es heute tut. Dann offenbart sie mir, dass sie Menschen nicht mag, dass sie eigentlich nur einen einzigen Menschen als ihren wirklichen Freund bezeichnet, einen Mann, mit dem sie fast täglich mehrere Stunden telefoniert. „Es ist daher absolut untypisch für mich, jemanden in meine Wohnung mitzunehmen und ihn auch noch in meiner Wohnung schlafen zu lassen. Normalerweise ist für alle spätestens vor der Haustür Schluss", sagt sie. Ich glaube ihr und weiß diese Ausnahme zu schätzen. Es hat sie sicherlich reichlich Überwindung gekostet, mich heute hier bei sich aufzunehmen. Auch an diesem Abend ruft er sie mehrfach an bzw. sie ihn. „Er denkt viel über Fragen in der menschlichen Gesellschaft nach: Etwa inwieweit der Einzelne sein Recht auf Freiheit gegen die Interessen der Allgemeinheit verteidigen darf", erzählt sie weiter.

Ihre Tochter Melanie kommt nach Hause. Sie war heute mit ihrem Vater im Primark in Hannover zum Shoppen. „Wir mussten mitten durch eine Demo von Linken", erzählt sie aufgeregt, als sie mit mehreren Taschen in ihren Händen hereinkommt. Sofort packt sie alle Sachen der

Reihe nach aus und präsentiert sie stolz der Mutter. Sie haben für alle Sachen zusammen nur ungefähr 100€ ausgegeben und sie ist nun von Kopf bis Fuß gut eingekleidet, erzählt sie voller Begeisterung. 3 Paar Schuhe, 2 Kapuzenshirts, 2 Mützen, Unterwäsche, 2 Hosen, 1 T-Shirt... Sie führt uns alle Sachen in einer Art Modenschau vor, ohne bisher auf mein Dasein reagiert zu haben. Zu begeistert ist sie von ihren neuen Sachen. „Das ist übrigens Johannes", wirft Anja ein. „Ok. Hallo Johannes", ist Melanies kurze Reaktion. Dann geht es mit der Modenschau auch schon weiter. Melanie ist gerade glücklich. Sie ist irgendwie flippig, lebendig, cool. Eine Strähne ihrer Haare hat sie bläulich gefärbt. Sie telefoniert mit verschiedenen Freundinnen.

Vanessa, eine ihrer Freundinnen wird gleich zu uns kommen und auch noch hier übernachten. Vanessa kommt mit einer Leopardenkopfmütze auf dem Kopf. Die daran herabhängenden Leopardenbeine bilden den möglichen Schal. Sie hat ebenfalls blaugefärbte Haare und ein Nasenpiercing. Als sie einen Anruf erhält, spricht sie plötzlich russisch. Es kann aber auch eine ähnliche andere Sprache gewesen sein.

Die Mädchen verhalten sich wie immer, wie mir scheint. Sie unterhalten sich mit Anja, als wenn ich überhaupt nicht da wäre. Es ist eher so, als würde ich schon immer zur Familie gehören. Anja fotografiert gerne und hat sich vor kurzem eine neue Kamera gekauft, mit der sie bereits einige schöne Aufnahmen gemacht hat, die sie mir an ihrem Laptop zeigt. Sie muss ein wenig suchen und ich darf währenddessen nicht gucken, da es auf dem Laptop auch Bilder gibt, die ich nicht sehen darf, wie sie sagt. Schöne Aufnahmen von Sonnenunter- und -aufgängen, sowie Winterlandschaften zeigt sie mir. Zum Abendessen holen die Mädchen eine Pizza Margerita für alle aus der Pizzeria an der nächsten Ecke. Ich verzichte auf die Pizza und begnüge mich mit meinen Haselnüssen. Zuvor hatte ich bereits den Cheeseburger gegessen.

Zusammen suchen Anja und ich auf dem Laptop nach der besten Route für meinen morgigen Tag und beschließen, dass sie mich in Weende, einem Stadtteil von Göttingen, an der B27 in Richtung Harzgerode absetzt. Ich meine mich zu erinnern, dass es seit kurzer Zeit in Göttingen einen Ableger der Studenteninitiative Weitblick gibt, mit der mein Verein pro dogbo seit einigen Jahren zusammenarbeitet. Meine Erinnerung hat mich nicht getäuscht, jedoch werde ich am Sonntag niemanden davon antreffen können und so verwerfe ich den Plan wieder, mit ihnen in Kontakt zu treten. Während des Abendessens wird der Fernseher eingeschaltet, ein Flachbildschirm von 100cm Diagonale. Während die Mädchen „Das Supertalent" schauen, faltet Anja einen riesigen Berg frisch gewaschener Wäsche auf. Im Badezimmer habe ich ein Bügeleisen stehen sehen. Bei Melanies Wäsche reicht es wohl, wenn die Sachen aufgefaltet werden. „Das Supertalent" ist noch nicht zu Ende, als wir gegen 22:00 Uhr beschließen ins Bett zu gehen. Die ausziehbare Couch wird für Vanessa und

Melanie leergeräumt und zum Bett umfunktioniert. Anja schläft in dem Bett im Wohnzimmer, auf dem sie zuvor die Wäsche aufgefaltet hat. Christian ist immer noch in seinem Zimmer und spielt am PC. Ab und zu haben wir ihn gehört, wenn er Freudenrufe ausgestoßen oder vor sich hin geschimpft hat. Melanie hat mir für heute Nacht ihr Zimmer überlassen. Christian hat das Bett freigeräumt gehabt, bevor Melanie zu Hause war. Ihre Sachen liegen nun alle auf einem Haufen an der gegenüberliegenden Wand. In meinen Augen herrscht auch hier das gleiche Chaos, wie überall im Haus. Mich verwundert es daher nicht, dass an diesem Abend viele Dinge, die jemand benötigt, gesucht aber nicht gefunden werden. Aber es ist ja ihre Wohnung und es scheint die Wohnungsinhaber nicht zu stören. Alle bleiben locker und entspannt dabei, betrachten es als völlig normal. Es stört niemanden, dass sie einige Zeit mit dem Suchen von Dingen verbringen müssen. Die Wohnung ist insgesamt in einem guten Zustand. Anja hat mir berichtet, dass sie sich ganz bewusst für diese Art zu leben entschieden hat. Dass sie, wenn das Geld vor dem Ende des Monats aufgebraucht ist, auch arbeiten geht. Als was sie arbeitet, wie oder wofür erfahre ich allerdings nicht. Sie ist an beiden Armen tätowiert und hat auch ein eigenes Tätowiergerät, hat sie mir erzählt. Heute Morgen hat sie ihren Eltern beim Gartenschnitt auf dem Campingplatz geholfen, eine Hecke um einen Meter in der Höhe gestutzt.

Eine echte Kraftanstrengung, wie ich aus Erfahrung weiß.
In Melanies Zimmer steht ein Käfig, in dem sich zwei Mäuse wohlfühlen. Sie stören mich nicht beim Schlafen, obwohl sie nachtaktiv sind. Ich schlafe sofort ein. Ich schlafe bewusst bei offenem Fenster und abgedrehter Heizung.

Sonntag, 16. November 2014 (13. Tag)

Es ist 05:30 Uhr. Um diese Zeit kann ich gut meine Eintragungen vornehmen, meinen Handy-Akku erneut aufladen, der dieses Mal völlig leer ist, so dass sich das Handy sogar ausgeschaltet hat. Zum Glück ist es nicht kaputt. Gestern hatte ich es ja draußen in der feuchten, kalten Luft liegend aufladen müssen. Gottseidank fällt mir auch meine PIN wieder ein.

Um 07:00 Uhr schlafen immer noch alle. Um 07:30 Uhr stehe ich auf, gehe ins Bad und mache mich fertig. Als ich herauskomme sitzt Anja auf ihrem Bett am Laptop und spielt „World of Warcraft". Die beiden Mädchen liegen auf der Couch und schlafen. Von Christian ist nichts zu hören. Ich begrüße Anja und setze mich, nachdem ich alle Sachen von ihm abgeräumt habe, in einen Sessel.

Den ganzen Morgen habe ich Wasser plätschern hören und mich gefragt, ob es wohl so heftig regnet, aber nichts erkennen können. Anja erklärt mir, dass unmittelbar an der Hauswand entlang ein Bach fließt. Man muss sich wirklich schon aus dem Fenster beugen und steil hinab schauen, um den Bach sehen zu können.

Die Mädchen wachen auf.

Niemand frühstückt.

Es ist für mich immer wieder beeindruckend, dass die Hilfsbereitschaft bei denen, die selber nicht viel haben, besonders groß ist. Die Erfahrung von Entbehrungen hat sie wohl gelehrt, wie wichtig es ist, zu helfen, wo man kann und wo

Hilfe benötigt wird. Immer wieder stelle ich fest, dass für diese Personen das Helfen eine Selbstverständlichkeit ist, wohl wissend, dass sie dafür keine Gegenleistung erwarten können, wie es heute auch bei mir der Fall ist.

Anja, Christian, Melanie und Vanessa. Hierfür meinen „Herzlichen Dank!"

Anja ruft ihren Vater an und vereinbart mit ihm die Fahrzeugrückgabe für 10:00 Uhr. Wir brechen um 09:00 Uhr auf und bereits um 09:15 Uhr stehe ich an der B27 in Weende und halte meinen Daumen hoch. Es regnet etwas und ich bin froh, dass ich mich bei Bedarf in der überdachten Bushaltestelle unterstellen könnte. Doch bereits das zweite Fahrzeug hält an. Dem Fahrer, der mal in Oberhausen wohnte, ist Kleve nicht unbekannt. Er nimmt mich ca. 20 km weit mit, bis es rechts ab in Richtung Duderstadt geht. Dort lässt er mich an der Kreuzung aussteigen. Kein guter Platz zum trampen.

Ich laufe die B27 entlang und halte trotzdem meinen Daumen raus. Unterwegs finde ich mehrere Pfandflaschen, laufe nun aber inzwischen nicht mehr auf der B27, sondern auf einem Parallelweg. Ein Apfelbaum am Wegesrand hat mir eine reichliche Anzahl seiner Früchte auf dem Boden ausgebreitet. Ich hebe einige reife Äpfel auf, säubere sie im Regen, der heute nicht aufzuhören scheint. Einen Apfel esse ich sofort. Die anderen Äpfel wandern in meine Jutetasche für später. Ich klettere die Böschung hoch und laufe wieder auf der B27, um vielleicht doch noch von einem Fahrzeug mitgenommen zu

werden, obwohl ich weiß, dass es hier nicht un-
gefährlich ist, sowohl zu laufen als auch anzuhalten, um einen Tramper mitzunehmen.
Nach weiteren 30 Minuten ständigen Wanderns
und Daumenraushaltens hält eine Frau ihren
Wagen neben mir an und ist bereit, mich mitzunehmen. Trotz regen Verkehrs und Gegen-
verkehrs ist sie die Ruhe selbst. Sie steht immerhin auf einer Bundesstraße und blockiert die
komplette rechte Fahrspur. Der Werbung auf
ihrem Fahrzeug entnehme ich, dass sie Vertrete-
rin für Tupperware ist. Als ich ihr auf Nachfrage
von meiner Aktion berichte, sagt sie: „Wie geil
ist das denn!" Auf ihre Frage, wohin ich denn
wolle, antworte ich: „Immer der Sonne entgegen." Ich berichte ihr, dass ich mir gerne in
Harzgerode die ehemalige Kinderklinik und Kin-
derheilstätte anschauen würde, ein 21ha großes
Gelände mit Gebäuden von 9000m² Wohnfläche,
die ein Bekannter von mir ersteigert hat und
dort eine neue, ökologisch orientierte Mehrge-
nerationengemeinschaft plant. „Wie geil ist das
denn!", sagt sie erneut und will baldmöglichst
mal im Internet recherchieren.
Sie fährt mich auf der B27 bis zur Tankstelle in
Gieboldehausen, wo ich meine Leergutflaschen
und Dosen einlösen kann, obwohl sie völlig
plattgedrückt sind. So bekomme ich erneut 1,83
Euro in die Spendendose gedrückt. Ich setze
mich der Tankstelle gegenüber unter das Dach
einer Scheune und schreibe erst einmal Tagebuch, während es ununterbrochen und heftig
regnet. Es ist jetzt 11:30 Uhr. Als ich mit meinen

Aufzeichnungen fertig bin, stelle ich mich wieder an die Straße und probiere zu trampen.
Ein Mann kommt gerade mit seinem Kleinbus daher und hält an. Er ist auf dem Weg nach Leipzig. Ich überlege, ob ich nun nach Harzgerode zur Klinik meines Bekannten oder mit nach Leipzig fahren soll. Ich höre auf meine innere Stimme und entscheide mich für die Klinik. Somit fährt mich Matthias über die Autobahn bis zur Tankstelle nach Berga. Bei der Verabschiedung gibt er mir seine Handynummer, damit ich ihn anrufen kann, falls ich noch nach Jena kommen sollte. Dort hat er seinen Wohnwagen stehen, in dem ich gerne mal eine Nacht schlafen könnte. Matthias ist Selbstversorger, wie er sagt. Zurzeit ist er mit seinem Hund unterwegs. Er schenkt mir zum Abschied ein paar seiner Mandarinen und eine echte Rinderwurst. Sie duftet herrlich.
Von Berga aus laufe ich in Richtung Stolberg und versuche immer wieder zu trampen. Die Straße scheint endlos zu sein und es herrscht kaum Verkehr. Auf halber Strecke von Berga nach Rottleberode hält ein Auto an. Ein alter Mann sitzt darin. Er schielt stark. Sein rechtes Auge steht so weit nach rechts, dass er mich mit diesem Auge ansehen kann, auch wenn er mit dem linken Auge geradeaus auf die Straße schaut und auf den Verkehr achtet. „Bis zur Wende war ich Schäfer", erzählt er mir. „Anschließend habe ich als Fahrer für alle möglichen Firmen gearbeitet, danach einige Arbeitsbeschaffungsmaßnahmen durchlaufen und da-

bei gutes Geld verdient", berichtet er weiter. Er erkundigt sich nach meiner Unternehmung und bietet mir an, aus seinem Garten einige Äpfel zu holen, wobei er mir zeigt, wo die guten und leckeren Äpfel zu finden sind. „Sie können so viele Äpfel nehmen wie Sie nur tragen können", sagt er. Eine Toilette könne er mir leider nicht anbieten, aber ich könne gerne in seinem Garten urinieren. Er scheint tatsächlich keine Toilette zu besitzen, denn er selbst uriniert ebenfalls in seinem Garten.

Er verschwindet nur kurz in seinem Haus und hat, als er wieder heraus kommt, einen großen Beutel mit trockenen Walnüssen dabei, die er mir auch noch schenkt. „Die kannst du wenigstens mit deinen Händen knacken", sagt er.

Dann fährt er mich weiter an den Ortsrand. Die Stelle, an der er mich absetzt, liegt etwas abseits von dem Punkt, den ich zu Fuß erreicht hätte. Wegen mehrerer Baustellen müssen jedoch alle Fahrzeuge diese Strecke passieren, um in Richtung Stolberg weiter zu kommen. Zu Fuß hätte ich wohl lange Zeit kein Fahrzeug mehr gesehen. So aber müssen alle Fahrzeuge nun an dieser Stelle vorbei und ich halte frohen Mutes meinen Daumen raus. Nach ca. 10 Minuten hält ein Kleinbus an. Eine junge Frau steigt aus, lächelt mich an und begrüßt mich. Sie öffnet die Schiebetür und will schon hinten einsteigen. Der Fahrer, ein junger Mann bleibt sitzen und begrüßt mich ebenfalls. „Wir können Sie bis Stolberg mitnehmen", sagt er. „Ich kann mich gerne auch nach hinten setzen", sage ich.

„Dort ist aber ein Hund", sagt sie. „Wenn ich den Hund nicht störe, ist das in Ordnung", sage ich. Sie lacht. Der Hund, eine Bulldogge, sitzt in einem Käfig und schaut mich ruhig und relativ uninteressiert an.

Wir sind schnell in Stolberg angelangt und die beiden zeigen mir die Richtung an, in der ich weiter nach Harzgerode laufen muss. „Von Stolberg bis Harzgerode sind es aber noch ungefähr 21 Kilometer", sagen sie. Stolberg ist eine schöne alte und gut erhaltene Stadt mit vielen Fachwerkbauten. Sie wird viel von Touristen aus den alten Bundesländern aufgesucht, die hier Urlaub machen. Ein paar von diesen Touristen treffe ich als ich aussteige. Sie interessieren sich nicht besonders für das, was ich mache, sondern mehr für ihr warmes Hotelzimmer.

Nach einigen Metern bergauf sehe ich das erste Hinweisschild, das mir den Weg in Richtung Harzgerode weist. Während des gesamten Anstiegs ragen links und rechts der Straße die grünen, für diese Gegend typischen Felsen empor. Große Felsbrocken liegen am Wegesrand. Ohne von einem Fahrzeug mitgenommen zu werden, wird es mir unmöglich sein, heute noch nach Harzgerode zu kommen. Ich käme zu Fuß frühestens um 23:00 Uhr dort an, habe ich errechnet.

Also hoffe ich mal darauf, dass mich jemand ein Stück des Weges mitnimmt. Ich laufe los. Immer bergauf. Es geht in Links- und Rechtskurven zwischen den Bergen immer nur bergauf. Kein Auto hält, obwohl dies die einzige Straße ist und alle in meine gewünschte Richtung fahren, nämlich nach „Egal Wohin", wie meinem Schild auf meinem Rucksack zu entnehmen ist. Entlang der gesamten Strecke fließt parallel zur Straße ein Bach ins Tal hinab. Unterwegs tauchen ab und zu kleine Lichtungen auf, kleine Rasenflächen und ich überlege, ob es Sinn macht, dort vielleicht mein Zelt aufzuschlagen. Aber es wird kalt und kälter.

Ich laufe also weiter und hoffe, wenigstens irgendwann auf eine kleinere Ortschaft zu treffen, in der ich um ein Nachtlager anfragen kann. Aber auch dies ist nicht der Fall.

Nachdem ich nun ca. vier Kilometer bergauf gelaufen bin sehe ich links neben der Straße eine kleine Holzhütte mit überdachter Terrasse. Davor ist eine kleine Wiese. Ich hoffe darauf, dass die Hütte unverschlossen ist. Die Tür steht offen. Das Schloss ist offensichtlich schon vor längerer Zeit aufgebrochen worden. In der Hütte stehen eine zwei Meter lange Bank, ein ebenso langer Tisch und ein Regal. Die Hütte hat zwei Fenster. In dem einen klafft ein großes Loch, wodurch die Kälte eindringen wird. Das andere Fenster ist in Ordnung. Es dringt noch etwas Tageslicht herein. Sogar einen Lichtschalter gibt es. An dem aus der Decke hängenden Kabel ist jedoch keine Fassung mehr und eine Glühbirne gibt es hier auch nicht. In der Hütte liegen einige Rigipsplatten auf dem Boden. Mit diesen Platten kann ich die Fenster notdürftig abdichten bzw. den Raum abdunkeln, wenn ich schlafen gehe. Das Scheinwerferlicht vorbeifahrender Fahrzeuge würde ansonsten immer durch die Fenster einfallen. Das Türschloss ist verbogen und verrostet und die Tür damit nicht mehr zu verschließen.

Ich bereite meine Luftmatratze und meinen Schlafsack vor, damit ich, wenn es dunkel ist nur noch hineinschlüpfen muss. Auf dem Tisch breite ich alle meine Nahrungsmittel und gesammelten Flaschen für ein Foto aus. Ich esse zwei Äpfel vom Schäfer, eine Mandarine und den „Rinderknacker" von Matthias sowie die restliche halbe Laugenbrezel von der Feinbäckerei Ruch.

Ich trinke endlich auch mal etwas von meinem Wasser. Dann kippe ich den Tisch auf die Seite, so dass er eine zusätzliche Wand bildet, die mich hoffentlich etwas vor der Kälte schützen wird. Vor der Hütte steht eine zweite Bank, auf der ich mich in der Dämmerung erst einmal niederlasse. Dann beginne ich die Walnüsse des Schäfers zu knacken und in eine der inzwischen leeren Haselnussdosen zu füllen. Noch bevor ich damit fertig bin ist es jedoch so dunkel geworden, dass ich nichts mehr sehen kann und abbrechen muss. Ich gehe also in die Hütte, schließe die Tür so gut es geht und lege die Bank vor die Tür. Von innen kann ich eine Kette vorlegen und bin somit ein wenig vor ungebetenen Gästen geschützt. Ich lege mich hin und schlafe sofort ein.

Montag, 17. November 2014 (14. Tag)

Es ist 02:00 Uhr, als ich wieder aufwache. Völlige Stille umgibt mich. Kein Auto ist mehr zu hören. Ich schlafe weiter, obwohl ich meine, schon wieder fit zu sein. Um 04:00 Uhr wache ich erneut auf, weil ich glaube ein Geräusch gehört zu haben. Ich lausche. Nichts. Ich liege wach und kann nun auch nicht mehr einschlafen. Aufzustehen macht um diese Zeit aber auch keinen Sinn. So bleibe ich in meinem einigermaßen warmen Schlafsack liegen und warte die Zeit ab, bis es heller wird. Vom Mond ist heute nur eine dünne Sichel zu sehen. Die Nacht ist sternenklar und kalt. „Wie hoch werde ich hier jetzt wohl gerade sein", frage ich mich. Das erste Auto kommt vorbei. Als ich merke, dass die Zahl der vorbeifahrenden Fahrzeuge zunimmt, stehe ich auf. Es ist aber immer noch sehr dunkel. Auch ohne Lampe kann ich alle meine Sachen finden, da ich alles ordentlich und gut strukturiert abgelegt habe, was mir jetzt zu Gute kommt. Das Geräusch, welches mich in der Nacht geweckt hat, war wohl meine Hose, die vom Tisch heruntergefallen ist. In Ruhe packe ich alles zusammen, frühstücke drei Äpfel und schreibe Tagebuch. Um 07:45 Uhr beschließe ich aufzubrechen und die restlichen 17 Kilometer bis Harzgerode anzugehen. In der Nacht hat es deutlich gefroren. Eis hat sich auf den Pflanzen gebildet und meine Hände frieren sofort, obwohl ich erst einige Meter gelaufen bin. Es geht unaufhörlich weiter bergauf. Ein Schild zeigt mir 6% Steigung an.

Weitere Schilder zeigen mir an: Harzgerode 17km nach links. Stolberg 4km nach rechts. Ich laufe immer weiter bergauf. Stromleitungen an Holzmasten künden mir ferne Zivilisation an. Nur ganz vereinzelt fährt ein Fahrzeug in meine Richtung. Obwohl es nun hell und kalt ist, die Sonne langsam an den Bergkuppen zu erahnen ist, nimmt mich keines der vier Fahrzeuge mit. Irgendwann erreiche ich die höchste Stelle und kann nun weit über die Landschaft schauen.

Gleichzeitig kommt ein Fahrzeug mit mir dort an und der Fahrer ist bereit mich mitzunehmen. Er wohnt in Stolberg und fährt – nach Harzgerode. Welch ein Glück! Er erklärt mir, dass ich diese Nacht fast auf der hier höchstmöglichen Stelle in etwa 450m über Normalnull (NN) übernachtet habe. Er zeigt mir den Brocken, den Oberharz und die ganze Gegend, die man nun von hier erblicken kann. In Harzgerode lässt mich mein Helfer aussteigen.

Wegen der gesammelten Pfandflaschen laufe ich nun zunächst wieder ein Stück zurück zur nächstgelegenen Tankstelle und kann so nochmals 73 Cent in die Spendendose stecken.

Dann laufe ich in Richtung Innenstadt. Unterwegs treffe ich einen älteren Mann der mir, als ich ihn nach dem Weg zur ehemaligen Lungen-Heilstätte frage, erklärt, dass es bereits mehrere Käufer gegeben hat. „Die gehörten aber nicht hierher", sagt er. Dem Bürgermeister seien sie auch ein „rotes Tuch" gewesen, ist er sich sicher. Sie alle hätten sehr schnell das Handtuch geworfen und nichts Richtiges zustande gebracht, führt er seine Meinung weiter aus. Es habe vor der Wende noch eine weitere solche Klinik im Vogtland gegeben. Nach der Wende habe man sich darauf geeinigt die Klinik im Vogtland und eine Klinik in Bayern auslasten zu können. Die Klinik in Harzgerode habe man dann halt dichtgemacht. Er scheint darüber verbittert zu sein. „In der DDR war nicht alles schlecht", schiebt er als letzten Satz hinterher, verabschiedet sich und wünscht mir „Alles Gute."

Ich begebe mich zum Marktplatz, zur dortigen Stadt-Information, die dem Rathaus gegenüber liegt. Dort bekomme ich einen kostenlosen Stadtplan mit umliegenden Ortschaften. Von 09:30 Uhr bis 10:00 Uhr sitze ich auf dem Marktplatz von Harzgerode auf einer der Bänke und genieße die Sonne. Ich kann nun sogar „meine" Fleecejacke öffnen, so warm ist mir. Den Frost in der Nacht habe ich jedoch nicht vergessen und so werde ich wohl gleich zur Klinik aufbrechen, in der Hoffnung, dort jemanden anzutreffen, der mir erlaubt, dort die kommende Nacht zu verbringen. Zuvor gehe ich nochmals zur Stadt-Information, wo man mir erlaubt, die Toilette zu benutzen und meine Wasserflaschen aufzufüllen. Als ich wieder vor das Gebäude trete sind meine Sachen, die ich an der Bank hatte stehen lassen, verschwunden.

Ein städtisches Fahrzeug fährt über den Marktplatz. Die Mitarbeiter der Stadt laden die Bank, auf der ich gerade - und somit als Letzter in diesem Jahr - gesessen habe, auf den Lastwagen.

Auf Nachfrage erklären Sie mir, dass die Bänke eingelagert werden, da es jetzt Winter wird. Als die Mitarbeiter sehen, dass ich mich umschaue und nach meinem Rucksack suche, weist mich einer der Mitarbeiter auf eine etwas entfernt stehende runde Sitzbank hin, neben die er meine Sachen verlagert hat. Ich bedanke mich bei ihm und lade mir mein Gepäck auf.

Dann laufe ich weiter in Richtung Heilstätte, wie die ehemalige Kinderklinik auch genannt wird. Auf dem Weg dort-hin komme ich erneut an einigen Schrebergärten vorbei und befinde mich also auf dem Weg „Zur Hoffnung". Zahlreiche Bürger treffe ich unterwegs und frage sie bewusst nach dem Weg zur Klinik, um herauszufinden, wie sie dazu stehen und welche Gefühle und Erinnerungen sie mit ihr verbinden. Alle kennen sie. Alle können mir den Weg erklären. Sie war etwas Besonderes und hat etwas Zerbrochenes in ihnen hinterlassen, als sie nach der Wende stillgelegt wurde. Sie ist in eine Art „Dornröschenschlaf" gefallen. Ein Gebäude das darauf wartet, wieder „wachgeküsst" und mit neuem Leben gefüllt zu werden. Als ich auf den Eingangsbereich zulaufe, sehe ich von weitem bereits auf einer weißen Mauer in großen Buchstaben geschrieben: „ Freie Feldlage 9". Der Zutritt ist Fremden nicht gestattet, da es sich um ein Privatgelände handelt. So steht es auf einem Schild, dass Bernd und die anderen „Gemeinschaftsstifter", wie sie sich nennen, angebracht haben. Unter dem Schild stehen jedoch Handynummern und andere Erreichbarkeiten für eine gewünschte Kontaktaufnahme. Der eigentliche Eingang durch ein großes Tor ist wegen Bauarbeiten deutlich sichtbar abgesperrt. Deshalb gehe ich davor rechts um das dort stehende Gebäude herum. Ich höre Geräusche. Als ich um die Ecke biege, sehe ich einen kleinen Bagger. Der Mann darin ist damit beschäftigt, einen schmalen Abwassergraben auszuheben. Neben dem Baggerführer stehen eine Frau und ein weiterer Mann. Dieser kommt auf mich zu. Ich stelle mich ihm vor und erkläre, dass ich ein Bekannter von Bernd bin. „Ich bin Gerd", stellt er sich mir vor, „Bernd ist leider nicht hier", erklärt er weiter. „Das ist aber kein Problem. Gerne kannst du eine Nacht hier in der Klinik übernachten und dir alles in Ruhe ansehen", sagt er. Helfen könne ich momentan nicht, teilt er mir auf mein Angebot hin mit. Wenn ich einige Tage später gekommen wäre, hätte ich Bernd sicherlich antreffen und auch mithelfen können, führt er aus. Gerd unterbricht seine Arbeit und lässt den Baggerführer und seine Frau allein zurück. Er führt mich durch die Klinik zu Alice, die sich in der Küche aufhält und lernt.

Alice, eine junge Frau von 28 Jahren, kommt aus Moers und hat, als sie eine Woche in „Schloss Tempelhof" war, von der Idee der „Gemeinschaftsstifter" erfahren. „Bei meinem ersten Planungstreffen hier in der Klinik habe ich meinen ehemaligen Lehrer aus Kamp-Lintfort wiedergetroffen", erzählt sie mir. Sie bietet mir einen Ingwertee an und sagt, dass sie bald ihre Heilpraktikerprüfung habe und noch

reichlich dafür lernen müsse. Sie ist schwer er-
kältet und hat einen festsitzenden Husten. Ich
packe meine geknackten Haselnüsse und Walnüsse aus, stelle sie auf den Tisch und biete sie
ihr an. Gerd ist schon wieder verschwunden, um
beim Graben weiter zu arbeiten. Eine zweite
junge Frau betritt die Küche. Sie stellt sich mir
als Ulrike vor und heißt mich willkommen. Beide
Frauen sind von meinen Nüssen begeistert. Ulrike hat ein Problem damit, dass Alice sich in
der Küche mit ihren Materialien sehr ausgebreitet hat. Sie geht auf Alice zu und spricht sie
ganz konkret darauf an. „Überall liegen deine
Sachen verteilt, was den Platz für uns andere
natürlich einschränkt", sagt sie. Doch bevor sie
das Problem näher miteinander besprechen
bzw. eine Lösung finden können, erscheint Gerd
mit einem weiteren Mann in der Küche.
Er ist etwa in meinem Alter, trägt seinen Kinn-
bart in Form eines „Ziegenbartes", hat 4 Kinder
und ist Hartz IV Empfänger, wie er uns mitteilt.
Er wohnt in dem Nachbarort Neudorf. Er hat uns
einen Besuch abgestattet und einen Flyer mitgebracht. Der Flyer informiert uns über seine
„Alte Pfarre", wie sein Haus heißt, in dem er alte
Handwerksberufe vor dem Vergessen bewahren
will. Er präsentiert die alten Berufe dort und tritt
außerdem an Schulen heran, wo er sie vorführt.
Auch auf Märkten steht er mit einem Stand, um
die alten Berufe zu präsentieren. Er ist zu einem
großen Teil Selbstversorger aus dem eigenen
Garten berichtet er weiter. Er hält ein paar Schafe und Ziegen. Ihm ist es wichtig, auf seine neu-

en Nachbarn zuzugehen, sie kennenzulernen und willkommen zu heißen. Ich freue mich darüber. „Ich weiß, dass nicht alle so denken", sagt er. Er möchte seine Fähigkeiten anbieten, sie mit einbringen, wenn es um mögliche Restaurationen geht, bei denen die alten Handwerkskünste gefragt sind. Er bietet unter anderem Korbflechten, Besenbinden, Töpfern, Filzen, Spinnen, Weben und Schmiedearbeiten an. Dann verabschiedet er sich wieder.

Es ist 12:00 Uhr. „Zeit für unser Meeting", sagt Alice und wir gehen hinter das Haupthaus auf einen freien Platz vor einen großen, flachen Teich, auf dessen Wasseroberfläche sich, je nachdem von welcher Seite man schaut die Bäume oder das gesamte Klinikgebäude spiegeln. Der Teich hat etwa die Größe eines Schwimmbeckens. Gerd kommt auch wieder hinzu. Wir vier stellen uns im Kreis auf und reichen uns die Hände, wobei der Daumen der Hände jeweils nach links zeigen soll. Wir fühlen in Stille ein paar Minuten in uns hinein und genießen die Wärme der Sonnenstrahlen. Alice und Ulrike reichen sich anschließend die Hände, lassen sich abwechselnd nach hinten fallen und von dem jeweils anderen halten. Eine Übung, eine Art Spiel, das Vertrauen in den anderen erfordert und es ihm beweist. Wir stehen zwischen zwei Treppenteilen auf einer Terrasse. Würde einer der beiden den anderen nicht halten, so würde er unweigerlich auf die Treppe stürzen. Aber sie halten sich und alles ist gut. Jeder geht wieder seinen Aufgaben nach. Ulrike verabschiedet sich und fährt gleich zurück nach Dresden, wo sie zurzeit wohnt. „Noch ist alles offen", sagt sie „aber ich kann mir gut vorstellen, hierher zu ziehen und meine Wohnung in Dresden aufzugeben."

Bei der Suche nach der Küche habe ich mich in dem riesigen Gebäude mit den vielen ähnlich aussehenden Etagen und Treppenhäusern verlaufen. Ich beschließe daher, nun erst einmal die gesamte Klinik in Augenschein zu nehmen und einige Fotos zu machen.

Lediglich eine Wandzeichnung erinnert noch daran, dass dies mal eine Klinik für Kinder war.

Ich fotografiere alles von außen und von innen. Vieles ist in gutem, brauchbarem Zustand, manches ist schon renoviert, andere Teile sind bereits entkernt, wieder andere Teile bedürfen noch der Sanierung. Eine Gemeinschaft von Menschen mit verschiedensten Talenten und der Bereitschaft im Bereich des materiellen Luxus Abstriche in Kauf zu nehmen, kann hier durchaus was auf die Beine stellen, bin ich mir sicher. Sicherlich ist hierfür neben Geduld, Toleranz, Fleiß und einer Menge Menschen auch ein erhebliches finanzielles Engagement erforderlich. Bisher haben Gerd und Alice noch keine Zeit gefunden, mir Näheres über den aktuellen Stand der Planungen zu berichten. An einer Wand in einem großen Raum habe ich Flipcharts gefunden, auf denen Ergebnisse von Brainstorming festgehalten sind. Einige Zimmer, an denen ich vorbeikomme, sind bereits mit Namen versehen und mit einigen wenigen priva-

ten Sachen gefüllt. Als ich eine gefundene Toilette benutze, stelle ich fest, dass sie kein fließendes Wasser hat. Ich muss mir einen Eimer Wasser holen und so nachspülen. Ich kehre wieder in die Küche zurück. Alice sagt mir, dass wir gleich einen Vorrat an Eimern mit Wasser holen müssen. Es ist 14:00 Uhr. Ich habe soeben Bernd auf seinem Handy angerufen. Eigentlich wollte ich ihn ja hier mit meinem Besuch überraschen. Jetzt war er wochenlang hier und ich am Niederrhein. Nun ist er am Niederrhein und ich bin hier. Er sagt mir, dass er vermutlich am Wochenende nach Harzgerode kommt. „Eigentlich bleibe ich aber nur eine Nacht", antworte ich. Bevor die Sonne untergeht, will Alice mir noch das Gelände zeigen und wir gehen die ungefähren Grundstücksgrenzen in einem ausgedehnten Spaziergang ab. Das Grundstück umfasst 21 ha.
Die Wohnfläche beträgt 9000 m². Allein der Waldbestand und die möglichen Gartenanbauflächen würden, wenn es von ausreichend Personen bearbeitet wird, ein Gemeinschaftsleben mit guter Selbstversorgung möglich machen. Schwieriger scheint mir hingegen die Beheizung und die Wasserversorgung. Bisher wird nur die Küche mit einer kleinen Elektroheizung warm gehalten, die wegen des hohen Stromverbrauchs auf Dauer jedoch viel zu teuer ist. Um 15:30 Uhr kommt Gerd wieder zu uns in die Küche. Er hat seine Arbeiten für heute beendet. Alice und ich haben beschlossen, aus meinen Äpfeln Apfelpfannkuchen zu machen. „Wenn du

mit uns zusammen essen möchtest, bist du herzlich dazu eingeladen", sage ich ihm. Ich schäle die Äpfel und sie backt die Pfannkuchen. Anschließend ruht sich Alice, die sich mit ihrer Erkältung und ihrem Husten quält, ein wenig auf der Küchenbank aus. „Pfannkuchen ist nichts für mich", sagt Gerd. Er darf wegen einer Erkrankung keine Kohlenhydrate zu sich nehmen. Schon ist er wieder weg. Wir essen alles auf und sind gut gesättigt. Dann bringen wir das schmutzige Geschirr zu einer Geschirrspülmaschine in einen Nebenraum. „Die Wasserleitung wird zwei Mal am Tag aufgedreht, damit die Geschirrspülmaschine laufen und man in dieser Zeit duschen kann", erklärt mir Alice. „Da die Wasserleitung irgendwo defekt ist, wir die Leckage aber nicht haben finden können, müssen wir die Wasserleitung immer wieder abdrehen, da sonst ständig Wasser läuft. Deshalb ist Gerd nun auch damit beschäftigt, eine neue Wasserleitung zu legen", führt sie weiter aus. Im Raum neben der Geschirrspülmaschine ist auch gleich die Dusche. Alice bietet mir an, jetzt am besten gleich zu duschen, da die Wasserleitung nun aufgedreht sei. Bevor wir die schmutzigen Sachen einstellen können, müssen wir jedoch erst die Geschirrspülmaschine leer- und die sauberen Sachen wieder in der Küche einräumen. Alice stellt mir ein Handtuch zur Verfügung. Ich komme nach eiskalter Dusche in frischen Klamotten zurück in die Küche. Das kalte Duschen hat mich kaum Überwindung gekostet und ich fühle mich mit Ausnahme des Rückgrates in

Brustbeinhöhe wieder topfit. Ich hätte die Dusche aber auch auf heißes Wasser einstellen können, sagt Alice mir lachend.

Sie bietet mir an, mich morgen um 07:30 Uhr, wenn sie nach Quedlinburg zur Arbeit muss, mitzunehmen. Ich könne mir dann ja Quedlinburg ansehen und überlegen, ob ich weiterziehen oder doch abends nochmals zur Klinik zurückkommen wolle. Dabei grinst sie ein wenig. Erst später erfahre ich, was sie mit „mitnehmen" gemeint hat. Sie trampt ebenfalls an den Tagen, an denen sie arbeiten muss zur Arbeit und steht deshalb extra eine Stunde früher auf. Ich möchte erst einmal eine Nacht darüber schlafen, bevor ich mich entscheide. Ich möchte auf jeden Fall, sollte ich tatsächlich länger als eine Nacht hier bleiben, für mein Essen und mein Dach über dem Kopf arbeiten, beschließe ich. Damit ist Alice einverstanden. Ich habe gesehen, dass der Innenhof, eine Fläche von ca. 300m², völlig mit Unkraut überwuchert ist, ja sich sogar einige Sträucher ausgebreitet haben, obwohl er mit Steinplatten im Format 30x30cm ausgelegt ist. Ich schlage ihr deshalb vor, für den Fall, dass ich länger bleibe, mit der Beseitigung des Unkrauts dort zu beginnen. Sie hat bereits mit einem Freund begonnen, den Westeingang mit einer Treppe und einer Rollstuhlrampe von Unkraut zu befreien, ist aber damit nicht fertig geworden. Daher bittet sie mich, doch erst dort weiter zu machen. Wir räumen gemeinsam den Tisch ab. Bereiten mit dem Wasserkocher heißes Wasser zum Spülen vor. Sie spült. Ich trockne ab und sortiere die Sachen in die Schränke. Meistens steht auf einem Kreppband vermerkt, was wo hingehört. Es ist erst 18:00 Uhr, als Alice mich fragt, ob sie mir schon mal ihr Schlafzimmer zeigen soll, in dem ein großes Doppelbett steht. Sie fragt weiter, ob es für mich ok sei, in diesem Doppelbett neben ihr zu schlafen. Es sei von Vorteil, da zwei Menschen mehr Körperwärme in den Raum abgeben würden. Sie habe zwar auch dort einen elektrischen Heizkörper, diesen schalte sie jedoch nur kurz vor dem Schlafengehen ein. Wenn sie dann in ihren Schlafsack krieche, schalte sie ihn wieder aus. Ich bin für jede Möglichkeit zu schlafen dankbar und froh, nicht in der Kälte draußen irgendwo frieren zu müssen. Ich packe meine Sachen in ihrem Schlafzimmer aus, lege mich in meinen Schlafsack und schlafe sofort ein. Alice ist noch mal zurück in die Küche gegangen, um zu lernen und an ihrem Laptop zu arbeiten. Nach ca. zwei Stunden wache ich auf. Alice ist nicht in ihrem Schlafsack. Irgendwann kommt Alice aufs Zimmer. Ich werde wach, bleibe unbewegt liegen und warte, bis sie in ihrem Schlafsack liegt. Dann bin ich auch schon wieder eingeschlafen. Mitten in der Nacht werde ich wach, weil mir kalt ist. Es ist völlig dunkel und still. Leise und gleichmäßig atmet Alice neben mir. So liege ich einige Zeit wach.

Dienstag, 18. November 2014 (15. Tag)

Im Haus lebt auch eine schwarzweiße Katze, die ihre schon betagte Besitzerin hier untergebracht hat, als sie für einige Tage ins Krankenhaus musste. Die Besitzerin hat früher in der Klinik gearbeitet. Jetzt bleibt die Katze hier in der Klinik. Die Besitzerin, die fast nichts mehr sehen kann, kommt jeden Tag vorbei, um sie zu füttern und ihr frisches Wasser zu geben, obwohl sie von Gerd gut versorgt wird. Da die Absprache zwischen den beiden noch nicht ausgereift ist, bekommt sie wohl eher zu viel als zu wenig zu fressen. Die über 80-jährige „Katzenmutter" ist froh, für ihre Katze ein gutes Zuhause gefunden zu haben.

Um 07:00 Uhr weckt uns der Wecker von Alice´s Handy. Sie arbeitet heute in Quedlinburg, in der dortigen Waldorfschule. Sie selbst ist in Dinslaken in der Waldorfschule gewesen. Um 07:30 Uhr will sie bereits an der Hauptstraße stehen und nach Quedlinburg trampen. Ich habe in der Nacht nochmals in mich hineingehorcht und mich gefragt, wie mein heutiger Tag aussehen soll. Mein Gefühl hat mir gesagt, dass ich heute hier bin, um hier zu arbeiten, und nicht, um mir die Stadt Quedlinburg anzusehen. Ich weiß, dass sie zum UNESCO Welterbe gehört. Alice rät mir an Gerds Sonnenritual teilzunehmen.

Dann macht sie sich auf den Weg. Ich schaue Gerd fragend an. „Wenn du magst", lädt Gerd mich ein mitzukommen. Heute geht die Sonne um 07:45 Uhr auf. Wir gehen gemeinsam in das oberste Geschoss, über den Balkon, an dem das Geländer noch fehlt, bis in einen der runden Ecktürme. Dort ist es relativ windgeschützt und man kann in Richtung der aufgehenden Sonne schauen. Heute ist es allerdings extrem neblig. Man kann kaum 30 Meter weit bis zum Wasserbecken sehen. „Dieses Sonnenritual dient dazu den Geländebereich der Klink energetisch zu reinigen, Harmonie für diesen Ort und die Menschen darin zu erbitten, das Wachstum der Natur zu fördern und Heilung zu bewirken", erklärt mir Gerd. Zu diesem Ritual verwendet er getrocknete Kuhfladen, die in Butterfett (Ghee) getränkt sind. Diese Kuhfladen hat er irgendwo käuflich erworben. „Das Entzünden dieser Kuhfladen sollte immer mit einer Kerze und nicht mit einem Feuerzeug erfolgen", sagt er. Der Kuhfladen brennt in einer Schale ruhig und langsam ab. Während der Zeremonie träufelt Gerd eine weiße pastenartige Substanz, die aus ganzen Reiskörnern besteht, als Opfergabe auf die brennenden Fladen. Dazu spricht bzw. singt er ein Mantra. Das Mantra spricht er in einer mir unbekannten Sprache, die mir dennoch sehr vertraut vorkommt. Während der Zeremonie sitzt er auf einem Stuhl. Ich habe mich auf den Betonboden gesetzt. Nach ca. 10 Minuten erlischt das Feuer. Um 08:00 Uhr sitze ich wieder in der Küche und schreibe in meinem Tagebuch. Gerd taucht nicht auf. Wir beide sind jetzt ganz alleine in diesem großen Gebäude und auf diesem riesigen Gelände. Nur das regelmäßige Ticken der Küchenuhr ist zu hören. Gestern haben wir einen meiner Äpfel übrig gelassen. Er ist heute mein Frühstück. Alice hat gestern die ganzen Walnüsse, die ich vom Schäfer erhalten hatte, aufgegessen. Nüsse sind ja bekanntlich Nerven- und Hirnnahrung. Da sie so viel lernen muss und dazu noch krank ist, werden sie ihr sicherlich gut getan haben. Ihre Augen haben richtig aufgeleuchtet, als ich ihr die Nüsse angeboten habe.

Die Sonne schafft es immer noch nicht sich eine Bahn durch den dichten Nebel zu brechen. Eigentlich wollten Gerd und ich heute gemeinsam den ausgehobenen Graben mit Sand anfüllen. „Ob Gerd wohl schon ohne mich angefangen hat", frage ich mich. Um 08:30 Uhr entschließe ich mich, in einen Raum zu gehen, in dem ich gestern bei meinem Rundgang verschiedene Gartengeräte entdeckt hatte, um nachzusehen, ob ein geeignetes Werkzeug dabei ist, mit dem ich den Innenhof von Unkraut befreien kann. Ich finde tatsächlich ein Gerät, mit dem ich es ausprobieren will und es funktioniert auch, obwohl es sicherlich nicht für diesen Zweck gebaut wurde. Kurze Zeit nachdem ich begonnen habe, kommt Gerd, um mich zu holen. Ich soll ihm nun doch helfen. Wir füllen den Graben auf der gesamten Länge mit ca. 8-10cm Sand auf. Darauf soll nun die Wasserleitung zum Haus verlegt werden. Gemeinsam sind wir in einer knappen Stunde damit fertig. Danach begebe ich mich wieder an meine Arbeit im Innenhof. Als ich etwas weniger als ¼ des Innenhofes von Unkraut befreit habe, geht bei mir nichts mehr. Es ist jetzt 13:00 Uhr. Gerd ist mit dem, was er sich für heute vorgenommen hat, fertig. Ich säubere meine Kleidung und hole die letzten Essensreste, die mir verblieben sind. Es sind 2 Mandarinen, Wasser, 1 Dose Fisch, Marmelade, Tee und eine Dose Haselnüsse. Die von mir unterwegs gesammelten Haselnüsse stellen sich leider als „taube" Nüsse heraus. Den ganzen Tag über bleibt es neblig. Die Sicht beträgt keine 50 Meter. Trampen ist somit für mich viel zu gefährlich. „Hoffentlich ist das Wetter morgen besser, damit ich weiterziehen bzw. langsam meinen Heimweg auf einer anderen Strecke antreten kann", überlege ich. Nachdem ich mich eine Stunde lang ausgeruht habe, beginne ich um 14:00 Uhr erneut damit, den Innenhof von seinem Wildwuchs zu befreien. Es nieselt den ganzen Tag.

Um 17:00 Uhr ist Alice von der Waldorfschule zurück. Sie hat keine Probleme beim Trampen gehabt. Sie spricht die Leute direkt an, geht auf die Leute zu, die an der Kreuzung anhalten müssen. Mein Kratzen im Innenhof hat sie gehört und schaut sich mein „Tageswerk" an. „Das ist ja der Hammer", entfährt es ihr. Da Bernd, der das Gelände ersteigert hat, es gar nicht glauben konnte, als ich ihm erzählte, dass ich den Innenhof reinigen wolle, hat er um ein „Beweisfoto" gebeten. Nun bitte ich Alice, dieses Foto von mir im Innenhof zu machen, damit wir es Bernd zukommen lassen können. Obwohl es schon deutlich zu dunkeln beginnt, scheint ihr das Foto gelungen zu sein. Da ich sowieso mit dem Teilstück, das ich mir für heute vorgenommen hatte, fertig bin und es inzwischen zu dunkel ist, um noch weiter zu arbeiten, gehen wir gemeinsam in die Küche, um unser Abendessen vorzubereiten.

Heute gibt es Kartoffeln, Auberginen, Zwiebeln, Sahne, Senf, Brokkoli, Knoblauch und Gewürze. Alles wird von Alice gekocht bzw. gebraten und dann zusammen verrührt. Die Schnibbelarbeiten übernehme ich. Dazu spendiere ich meine Dose Fisch, da ich wenigstens einen kleinen Beitrag zu unserem Essen leisten möchte. Nach der anstrengenden Arbeit schmeckt das Essen doppelt so gut. Ich übernehme heute Abend das Spülen. Alice trocknet ab. Alles ist schnell wieder sauber und ordentlich. Das Wasser holen wir in Eimern aus einem 1000-Liter-Tank im Keller, der über eine Zisterne gespeist wird. Dieses Wasser wird auch als Spülwasser für die Toilette benutzt. Trinkwasser wird bei einem Bekannten in einem Nachbarort in mehreren 2-Liter-Kanistern geholt. Bisher war immer ausreichend Trinkwasser vorhanden, so dass ich noch nicht gesehen habe, wo und wie es geholt wird. Alice ist hochbegabt, lebendig, tanzt in der Küche zur Musik, lacht viel und singt mit klarer, heller Stimme. Sie strahlt Lebensfreude aus und gibt sie so auch an ihr Umfeld weiter.

Sie veröffentlicht demnächst ein Buch, hat sie mir erzählt. Über den Inhalt hat sie mir jedoch nichts verraten. Sie legt mir ein Buch auf den Tisch. „Junge Texte" – Lyrik, Kurzprosa, Grafik – 2012 – Herausgeber: Erik Hüneburg & Caroline von Eichhorn. Sie ist in einem Verein für Hochbegabte aktiv. „Ich weiß, dass viele Hochbegabte früher wegen ihrer Andersartigkeit in der Psychiatrie gelandet sind. Heute werden immer noch viele Hochbegabte psychiatrisch behandelt. Bei vielen werde jedoch inzwischen erkannt, dass sie nicht psychisch krank sind, sondern auf Grund ihrer Hochbegabung einfach eine andere Aufnahmefähigkeit haben und sich in ihrer Wahrnehmung vom „Normalen" unterscheiden", berichtet sie mir. Alice engagiert sich bei „Mensa", einer Vereinigung für Hochbegabte und im „Sondershäuser Verband". Sie arbeitet wieder an ihrem Laptop und erledigt notwendigen „Behördenkram". Ich lese in der Zeit in dem Buch „Junge Texte", das sie mir gegeben hat und in dem drei Beiträge von ihr veröffentlicht wurden. Um 20:00 Uhr merke ich, dass ich müde werde und verabschiede mich ins Bett. „Jetzt schon", wundert sie sich und ist etwas enttäuscht. „Es wird mir gut tun", antworte ich und gehe. Alice bleibt noch einige Stunden auf und allein in der Küche zurück.

Mittwoch, 19. November 2014 (16. Tag)

Mit einigen Unterbrechungen schlafe ich bis 07:00 Uhr. Ich habe also ganze elf Stunden geschlafen. Unglaublich. Als ich gerade in der Küche sitze kommt Gerd herein und schaut mich überrascht an. Diesmal nicht der Erste in der Küche zu sein, ist neu für ihn. „Gestern haben sie in der Wettervorhersage Schneefall für den Harz gemeldet", erzählt er mir. Daraufhin beschließe ich, meinen Aufenthalt noch um einen Tag zu verlängern und weiter an der Säuberung des Innenhofes zu arbeiten. Ihn so unfertig zu hinterlassen fühlt sich für mich nicht richtig an. Gerd macht sich auf den Weg, sein morgendliches Sonnenritual abzuhalten. Ich bleibe dieses Mal in der Küche und trinke in Ruhe eine Tasse Kaffee und nehme dazu meinen eigenen Zucker und meine eigene Milch, die ich in meinem Bestand finde. Dazu frühstücke ich ein paar Haselnüsse. Auf einem Sideboard habe ich

gestern ein Buch liegen sehen. „Denkmalpflege in Sachsen-Anhalt", herausgegeben vom Landesamt für Denkmalpflege – 1996 – Heft 2. Darin enthalten ist auch ein ausführlicher Beitrag über diese ehemalige Kinder-Lungen-Klinik, die hier als „Kinderklink Harzgerode" bezeichnet wird. Zum eigentlichen, mehrflügeligen Klinikgebäude gehören noch zahlreiche Nebengebäude. Sie schmückt sogar das Titelbild. Die sie betreffenden Seiten habe ich abfotografiert und hoffe, sie später nachlesen zu können. Gerd hat mir gestern über die aktuellen Planungen und Entwicklungen berichtet. Die Gemeinschaftsstifter haben mit dem Verkäufer vereinbart, den Kaufpreis in 3 Raten zahlen zu können. Die 1. und 2. Rate haben sie bereits überwiesen. Die 3. Rate ist noch offen und muss Anfang 2015 überwiesen werden. Sollte das gelingen, wäre die Besitzfrage geklärt. Es gibt jedoch viele weitere Fragen zu klären und Probleme zu bewältigen. Gerd weiß, dass es auch schief gehen kann. Aber er sagt: "Ich wollte dabei sein und wenigstens den Versuch wagen!" Nun arbeitet er hier im Moment jedoch noch allein. Am Wochenende will Bernd kommen, hat mir Gerd nochmals bestätigt. Ich überlege. Wegen eines Zahnarzttermins muss ich am Mittwoch, den 26. November, wieder zu Hause sein. Von meinem Zeitfenster aus könnte ich also so lange hier bleiben und mitarbeiten. Noch weiß ich aber nicht, ob ich das wirklich will.

Gerd hat eigentlich Sprachen studiert. „Irgendwann habe ich meine Wohnung verkauft und lebe nun in meinem Wohnwagen. Mit ihm bin ich schon in der halben Welt herumgekommen. Ich fahre dorthin, wo es mich hintreibt und bleibe dort, wo es mir gefällt." Er sei Autodidakt, erzählt er weiter und wage sich an vielerlei Dinge heran.

Jeder, der sich im Hause aufhält, zahlt 8 € pro Tag in die gemeinsame Verpflegungskasse ein. Von dem Geld werden alle Lebens- und Pflegemittel etc. gekauft. Alle können sich an allen Lebensmitteln bedienen, die der Gemeinschaft gehören. Veganer z. B., die ihre speziellen Lebensmittel konsumieren, beschaffen sich diese selbstständig und auch alkoholische Getränke müssen separat bezahlt werden. Da ich meine Aktion „1 MONAT DEUTSCHLAND OHNE GELD" mache, kann ich kein Geld in die gemeinsame Lebensmittelkasse einzahlen. Obwohl Gerd und Alice dies wissen, macht hier bisher keiner ein Problem daraus. Bei beiden spüre ich, dass sie froh sind, dass ich hier bei ihnen bin. Gerd hat mir gesagt, dass er es in Ordnung findet, wenn ich hier esse und dafür arbeite. Ich versuche weitestgehend von mir verbliebenen Lebensmitteln zu leben und diese auch mit Gerd und Alice zu teilen. Spätestens Morgen werde ich aber keine Lebensmittel mehr haben und ich überlege, ob ich es für mich als ausreichend empfinde, die von mir erbrachte Arbeit als Gegenleistung für die tägliche warme Mahlzeit zu akzeptieren. Hier werde ich wohl mal in mich gehen und auch mit Alice und Gerd sprechen müssen. Meine Lebensmittelreserven bestehen heute nur noch aus einigen Teebeuteln, ½ Glas Marmelade, einer Dose Haselnüsse und etwas Trinkwasser. Um 09:00 Uhr bin ich wieder im Innenhof und entferne erneut den Wildwuchs. Um 10:00 Uhr steht Alice im Fenster ihres Schlafzimmers und wünscht mir einen schönen, guten Morgen. Sie ist erst gegen 02:00 Uhr ins Bett gekommen. Zwischendurch war ich ein paar Mal kurz wach und bemerkte, dass sie immer noch nicht im Bett war. Um 12:00 Uhr ruft sie mich erneut und fragt mich, ob ich am täglichen Gruppenritual teilnehmen möchte. Ich mache also eine Pause und wir stellen uns wieder im Kreis auf, soweit dies mit drei Personen möglich ist. Wir reichen uns die Hände und verbinden uns dadurch auch körperlich mit einander. Nach einer kurzen innerlichen Verbindung und Besinnung erzählt jeder, was er sich für den heutigen Tag vorgenommen hat. Alice und Gerd wollen mit den Fahrrädern in die Stadt fahren, um einige Lebensmittel einzukaufen. Da ich die Stadt ja bereits besichtigt habe und kein Geld habe, um mir irgendetwas zu kaufen, lehne ich ihr Angebot ab, mit ihnen zu kommen. Ein Fahrrad für mich hätte es im Hause noch gegeben. Ich möchte mich lieber wieder in den Innenhof begeben und das Unkraut beseitigen. Ich fände es schön, wenn der Innenhof fertig ist, wenn Bernd am Samstag kommt, selbst wenn ich dann vielleicht nicht mehr hier sein werde. Als Alice von ihrem Schlafzimmerfenster aus zu mir herunter gerufen hat, haben wir festgestellt, dass der Innenhof eine unheimlich gute Akustik hat, die sich anbietet, hier auch mal einen Chor oder Musikgruppen auftreten zu lassen. Auch für Trödel- oder Weihnachtsmärkte etc. würde sich der Innenhof anbieten, da er durch die Wände rundum zudem windgeschützt liegt. Alice würde hier später auch gerne einen Gemüsemarkt eröffnen. Sicherlich kommen von den anderen Gemeinschaftsstiftern noch viele weitere Ideen hinzu. Aber dazu muss er erst einmal hergerichtet werden.

Nach dem mittäglichen Treffen essen wir gemeinsam die Reste vom Vortag. Gerd hat mit uns zusammen gegessen, mal eine Ausnahme gemacht. Dann arbeite ich weiter.

Um 16:00 Uhr ruft mich Alice abermals. Diesmal zum abendlichen Sonnenuntergangsritual, was genauso abläuft, wie das Sonnenaufgangsritual. Ich stelle fest, dass die Tage täglich kürzer werden. Es wird nun erst gegen 08:00 Uhr hell und schon um 16:45 Uhr dunkel. Mindestens einen ganzen Tag werde ich noch benötigen, um den Innenhof in „neuem Licht" erstrahlen zu lassen. Heute finde ich die richtige Stellung des Wasserhahns, um die Dusche auf warmes Wasser einzustellen. Eine angenehme Überraschung, die mir beim Waschen der Haare zu Gute kommt, da es mit warmem Wasser einfach besser funktioniert. Alice und ich teilen uns den kleinen Rest vom gestrigen Essen, der übrig geblieben war. Gerd hat sich Würstchen mitgebracht und trinkt ein Weizenbier dazu. Alice hat zusätzlich einen Salat aus Mais, Kidneybohnen, Thunfisch, Kopfsalat und Zwiebeln gemacht. Dazu eine Senfsoße. Auch davon essen wir noch etwas. Lecker! Es bleibt aber reichlich Salat für den kommenden Tag übrig. Gerd bringt uns einige kleine Croissants in die Küche. „Für Morgen", sagt er, „habe gesehen, dass kein Brot mehr da ist." Die Croissants können wir Morgen gut mit dem Rest meiner Marmelade essen und ich kann so mal wieder etwas von meinen Resten beisteuern. Mein linkes Bein beginnt zu zucken, ein untrügliches Zeichen, dass ich müde bin und zu viel gearbeitet habe. Ich verabschiede mich ins Bett.

Donnerstag, 20. November 2014 (17. Tag)

Um 07:00 Uhr sitze ich bereits in der Küche und trinke zum Frühstück zwei Tassen Tee aus den Teebeuteln „Himmelzauber" von Cinderella.

Um 07:48 Uhr geht die Sonne auf und ich schaffe es gerade noch rechtzeitig, dabei zu sein. Dann gehe ich wieder an meine Arbeit im Innenhof. Um 11:30 Uhr mache ich Pause und bereite mich auf das gemeinsame Treffen um 12:00 Uhr mit Gerd und Alice vor. Anschließend essen wir wieder gemeinsam zu Mittag, den Salat von gestern und Alice isst dazu eine Mettwurst oder Salami. Gerd hat sich erneut zwei Würstchen mitgebracht und dazu zwei bunt gefärbte, hart gekochte Eier. „Ist denn schon wieder Ostern?" frage ich ihn. Wir schmunzeln. Ich trinke anschließend noch eine Tasse heißen Tee, bevor ich mich flach auf die Küchenbank lege, um den Rücken zu entspannen.

Als ich um 13:30 Uhr wieder in den Innenhof komme, hat Gerd bereits mit der Schubkarre alle Unkrauthaufen, die ich bis dahin aufgehäuft hatte, weg gefahren. Ich arbeite weiter bis 15:30 Uhr. Dann bricht mir der Stiel meines Arbeitsgerätes in der Mitte durch. Gerd fährt mit dem Fahrrad sofort in die Stadt und besorgt einen Ersatzstiel, denn er weiß, dass die Arbeit mit einem so kurzen Stiel noch mehr auf den Rücken geht. „Davon kann ich ein Lied singen", sagt er. Für heute ist also erst mal Schluss.

Um 16:12 Uhr geht bereits die Sonne unter, die wir jedoch leider auch heute den ganzen Tag nicht zu Gesicht bekommen haben. Alice ist heute Nachmittag wieder arbeiten. Sie gibt einer chinesischen Schülerin in der 10. Klasse Nachhilfeunterricht in Deutsch. Um 17:00 Uhr ist sie zurück und ziemlich erschöpft. Als sie in der Küche erscheint, sitze ich gerade auf der Küchenbank und habe den Rundbrief des Freundeskreis Ökodorf Nr. 133 – Herbst 2014 – „Ökodorf Sieben Linden – Im Netz der Welt" gelesen. Sie legt sich rücklings auf die Bank neben mich. Ihr Kopf fällt auf meinen Schoß. Ich bleibe also ruhig sitzen und lese in einem Heft über die Wohn- und Lebensgemeinschaft „Schloss Tempelhof", während Alice sich ausruht. Plötzlich bemerke ich ein Kribbeln in meiner rechten Hand, die auf ihrem Kopf ruht. Manche würden dieses Kribbeln als Energiefluss bezeichnen, den ich nicht bewusst steuern kann, der sich jedoch schon einige Male bei verschiedenen Anlässen von alleine bei mir eingestellt hat, wenn jemand krank ist und sich in der Nähe meiner Hand befindet.

Als Alice sich ausgeruht hat, führt sie einige Telefonate und lädt den Café & Restaurant-Betreiber von Harzgerode ein, uns doch zu besuchen. Sie kennt ihn. Er sagt zu und will ihr ein Eis mitbringen, worauf sie sich dann die ganze Zeit bis zu seinem Eintreffen mit Heißhunger freut. Er bringt ihr ein Schokoladeneis mit. Die Sprühsahne dazu ist in der Küche vorhanden. Alice beginnt das Abendessen vorzubereiten. Die Zutaten dafür hat sie heute auf dem Markt in Harzgerode gekauft. „Drei Marktstände gab es dort. Einen Stand mit Brot, einen Fleisch- und einen Gemüsestand. Das sind nicht viele Marktstände, aber dafür hatten diese drei guten Zulauf", erzählt sie. „Ich musste an jedem Stand ungefähr 15 Minuten lang anstehen, bevor ich etwas kaufen konnte." René, der Eisverkäufer, kann in der Dunkelheit die Küche nicht finden, ruft Alice auf ihrem Handy an und muss von ihr abgeholt werden. Das Gebäude ist mit seinen 9000m² Wohnfläche halt doch sehr groß. Ich decke in der Zwischenzeit für uns drei den Tisch. Es gibt Gehacktes mit Nudeln und Fenchel, eine mir bis heute unbekannte Kombination, die jedoch sehr gut harmoniert. Wir essen tatsächlich alles auf. Die Arbeit macht hungrig. Anschließend sitzen wir beisammen und unterhalten uns, während Alice genüsslich ihr Schokoladeneis isst. Als René, der „Eismann", wie Alice ihn liebevoll nennt, gegangen ist, ist es schon nach 21:00 Uhr und wir beschließen beide, ins Bett zu gehen.

Alice bietet mir an, mir eine Rückenmassage zu geben, da sie bemerkt hat, dass sich meine Rückenmuskulatur schmerzhaft verspannt hat. Meine Wirbelsäule kann ich bei Dehn- und Streckübungen selber wieder gerade ausrichten. Ich lege mich in meinem Schlafsack auf den Bauch und warte, bis Alice sich in ihrem Zimmer nebenan fertig gemacht hat und ins Schlafzimmer kommt. Ich mache den Oberkörper frei und sie kniet sich über mich bzw. setzt sich auf mich und beginnt, meinen Rücken mit einem Entspannungsöl einzureiben. Dann massiert sie mir den Rücken. Von sanft über kräftig bis hin zu sehr stark. Hierbei setzt sie auch einen „Massagekäfer" aus Holz ein, wie auch wir einen Zuhause im Wohnzimmer stehen haben. Nach gefühlten 30 Minuten ist sie fertig mit der Massage – und ich auch. Nachdem ich die anfänglichen Schmerzen beim Fühlen der doch extremen Verspannungen überstanden habe und auch wieder gleichmäßig durchatmen kann, merke ich, dass ich völlig gelockert und entspannt bin. Noch ein kurzes „Gute Nacht" und wir beide schlafen sofort ein.

Freitag, 21. November 2014 (18. Tag)

Diese Nacht schlafe ich ohne Unterbrechung durch und wache erst um 07:00 Uhr auf. Alice liegt schräg in ihrem Bett. Ihr Kopf berührt fast meine Schulter, als ich aufwache. Sie schläft, atmet ruhig und gleichmäßig. Wenn ich jetzt aufstehe, würde ich sie sicherlich wecken. Ich warte noch ca. 20 Minuten. Dann stehe ich aber doch auf, da es schon langsam heller wird und ich Gerd beim Sonnenritual gerne Gesellschaft leisten möchte. Alice wird dadurch wie erwartet wach und möchte ebenfalls am morgendlichen Sonnenritual teilnehmen. So machen wir beide uns schnell fertig und gehen hinunter zu Gerd in die Küche. Wir kommen gerade noch rechtzeitig. Anschließend frühstücke ich zwei Tassen Tee und eine Scheibe Graubrot mit etwas Marmelade von Cinderella. In der Nacht hat es erneut deutlich gefroren. Das Dach und die Glasscheiben des abgemeldeten auf dem Gelände stehenden Fahrzeugs sind zugefroren. Es wird ab und zu für Transportfahrten auf dem weitläufigen Privatgelände genutzt, hatte mir Gerd erklärt. Es ist 08:30 Uhr, Zeit für mich, um im Innenhof weiter zu arbeiten. Gerd kommt wieder mit der Schubkarre und fährt die weiteren Unkrauthaufen auf ein nahegelegenes Brennnesselfeld neben den Garagen. Ich reiße ganze Unkrautstauden vom Boden bzw. schiebe sie mit meinem Spachtel, dessen Stiel leider immer noch defekt und somit erheblich zu kurz ist, beiseite. Gerd und mir ist es nicht gelungen, den zerbrochenen Stiel aus dem Spachtel herauszubekommen. Deshalb konnten wir den neuen Stiel auch nicht einsetzen. Wir werden den zerbrochenen Stiel wohl über einem Lagerfeuer heraus brennen müssen. Mehrere wild gewachsene Sträucher, die man abgesägt hat, lugen zwischen den Steinplatten hervor. Einige sind inzwischen abgestorben. Andere haben neu ausgeschlagen und teilweise die Steinplatten angehoben und zu Stolperfallen werden lassen. Die abgestorbenen Sträucher und Baumstümpfe lassen sich relativ leicht ausgraben. Ein neu ausgeschlagener Strauch hat eine Pfahlwurzel von ca. 15cm Durchmesser gebildet. Wir versuchen zunächst auch diesen Strauch auszubuddeln und mit einem Beil abzuhacken. Nach einiger Zeit müssen wir aber erkennen, dass wir auf diesem Wege nicht wirklich weiter kommen. Wir überlegen, ob der kleine Bagger nicht durch die Flügeltüren passt, wenn wir sie weit genug aufbekommen. Zusammen gelingt es uns, die Türen vollständig zu öffnen. Gerd holt den kleinen Bagger und ich achte darauf, dass er nirgendwo aneckt. Der Bagger kann also in den Innenhof fahren. Wir sind um eine Erfahrung reicher. Der Versuch mit dem Bagger, der nur eine Schaufel, aber keinen Greifer hat, den Strauch samt Pfahlwurzel herauszuziehen, misslingt. Gerd muss den Strauch tiefer freilegen und ihn „an der Wurzel" packen. Nachdem er ihn freigelegt hat, entscheidet er sich doch dazu, ihn mit einer Handsäge abzusägen, da er ihn mit der Schaufel nicht herausziehen kann. Um 12:00 Uhr machen wir eine Pause.

Um 13:00 Uhr geht es für mich wieder weiter. Ich muss alle Steinplatten, die wir bei den Sträuchern heraus genommen haben, neu verlegen. Dann ist der Innenhof komplett vom Unkraut befreit und sieht fast aus wie neu. Ich gehe zufrieden in die Küche.

Alice ist bereits dort. „Ich habe in 2007 eine Hirnblutung erlitten, musste operiert werden und sämtliche Funktionen von Grund auf neu erlernen. Seitdem genieße ich das Leben in vollen Zügen und liebe es zu leben", erzählt sie mir. Da der Vater eines ihrer Schüler vor einiger Zeit nach einem Unfall ebenfalls eine Hirnblutung erlitten hat und am Kopf operiert werden musste, hat sie versucht ihr Mitgefühl durch ein Hilfsangebot an die betroffene Familie auszudrücken. Dieses Hilfeangebot wurde jedoch abgelehnt. Da sie dieses Geschehnis in einem in Kürze von ihr erscheinenden Buch aufgenommen hat, will sie nun einen Brief an die Familie schicken. Diesen Brief hat sie bereits vorgeschrieben. Eine Bekannte von ihr hat darin bereits einige Kürzungen und Änderungen vorgenommen. Sie bittet mich, den Brief nun auch in seiner Gesamtheit nochmals zu lesen, die durchgestrichenen Passagen zu berücksichtigen und meine Meinung zu äußern. Wir nehmen gemeinsam zahlreiche Umformulierungen vor, bringen die Sätze in eine geordnete, leicht nachvollziehbare Reihenfolge und einen klaren Aufbau. Alice ist am Ende überglücklich, nun in kurzer Form alles für sie Wichtige auf den Punkt gebracht zu haben.

Um 16:00 Uhr sitze ich in der Küche und Alice beginnt das Abendessen vorzubereiten. Wir schnibbeln gemeinsam das Gemüse. Knoblauch, Zwiebeln, Wirsing, Sellerie, Möhren, Ingwer und Zucchini. Dazu gibt es Reis und einen kleinen Rest Gehacktes vom Vortag.

Gerd kommt ebenfalls in die Küche. Er hat mir erzählt, dass er vor einiger Zeit einen anderthalbjährigen Kurs in Tantra-Massage absolviert hat. Ich bin etwas irritiert, da ich bisher nur etwas von Tantra-Tanz gehört habe. Er erklärt uns, was Tantra-Massage bedeutet und hat sogar zwei Videokassetten darüber, die er Alice zur Verfügung stellt, um sich ein genaueres Bild davon machen zu können.

Alice erzählt mir, dass sie ihr Buch unter einem Pseudonym herausbringen wird und möchte gerne ab Dezember, wenn das Buch im Handel erhältlich sein soll, Vorlesungen daraus durchführen. Hierzu möchte sie sich gerne äußerlich verändern, um nicht immer gleich wiedererkannt zu werden.

Gegen 19:00 Uhr kommt Eike, ein Bekannter von Alice, mit seinem 20 Monate alten Sohn Hauke zum Abendessen zu Besuch. „Mir ist schon ganz kalt vor Hunger", stelle ich fest. Nach dem Essen geht es mir jedoch wieder gut. Mir ist wieder warm geworden. Alice hat vor einigen Tagen im Internet für das Thermalbad und die Sauna in Thale, einer Nachbarstadt, Rabattangebote gekauft und möchte gerne mit Gerd, Eike und mir morgen dorthin gehen. Zunächst bin ich mir unschlüssig, was ich dazu sagen soll. Dann sage ich, dass ich schon gerne mitgehen würde, es mir aber eben wegen der Kosten für die Eintrittskarte nicht möglich ist. Es macht mir allerdings auch nichts aus, in der Klinik zu bleiben und Wächter zu spielen. Außerdem gibt es hier jede Menge Arbeit, die ich in der Zeit erledigen kann. Alice möchte aber nur wissen, ob ich Lust dazu hätte. „Ja, Lust dazu habe ich schon", sage ich. Sie ist bereit, die 7 € für die Eintrittskarte für mich zu übernehmen. Und so erkläre ich mich einverstanden, mit ihnen zu kommen. Da Alice heute Abend mit zu Eike fährt und in seinem Haus übernachtet, vereinbaren wir, dass sie morgen, kurz bevor sie uns abholt, anrufen wird, damit wir uns rechtzeitig fertig machen können. Um 20:00 Uhr sind alle aus der Küche verschwunden und ich bin allein. Nachdem ich gespült, abgetrocknet und weggeräumt habe gehe ich ins Schlafzimmer und schreibe dort in meinem Tagebuch. Während dieser Zeit lasse ich die Elektroheizung eingeschaltet. Bernd wollte sich eigentlich telefonisch bei mir gemeldet haben, um mir mitzuteilen, ob bzw. wann er denn nun hier eintreffen wird. Bisher habe ich keinen Anruf von ihm erhalten. Wie ich von Gerd erfahren habe, hat Bernd im Moment alle Hände voll damit zu tun, die bürokratischen und finanziellen Dinge zu regeln und daher sicher keine Zeit, mich anzurufen. Kein Problem für mich. Ich beschließe zunächst einmal den Samstag abzuwarten und hier zu verbringen. Ich fühle mich hier im Augenblick gut aufgehoben. Um 20:30 Uhr lege ich mich schlafen.

Samstag, 22. November 2014 (19. Tag)

Mitten in der Nacht wache ich auf. Es ist vielleicht so gegen 01:00 Uhr. Alice liegt nicht neben mir. Ich liege allein im Bett. Erinnerungen kommen in mir hoch. Erinnerungen an Zuhause. Wie zufrieden war ich doch gestern, als ich eine Frau friedlich und ruhig atmend, schlafend neben mir liegen sah und hörte. Ließ doch auch dieses Bild Erinnerungen an Zuhause in mir auftauchen. Erinnerungen an früher. Wenn ich doch nur fühlen könnte, was meine Frau fühlt, denkt, sich wünscht, braucht, vermisst, liebt, hasst, verabscheut...
Leider ist unsere Kommunikation so, als würden wir zwei verschiedene Sprachen sprechen. Wir sind beide auf der Suche nach einem Dolmetscher, der die Sprache des jeweils anderen versteht und übersetzen kann. Wir haben schon Vieles – auch gemeinsam – ausprobiert. Ich hoffe sehr, dass wir in Rüdiger, einem Therapeuten, nun eine geeignete Person gefunden haben. Hoffentlich ist es nicht schon zu spät.
Während ich dieses – mitten in der Nacht – aufschreibe, brennt mein Magen, ohne dass ich mir erklären kann warum. Fragen tauchen in mir auf. „Was wird mich erwarten, wenn ich in ein paar Tagen wieder nach Hause zurückkehre? Kann ich es, so wie es momentan ist, wirklich noch lange aushalten? Wäre eine Trennung für sie und mich vielleicht doch besser?" Wenn ich sicher wüsste, dass es sogar nur für sie besser ist, so würde ich mich ihr zuliebe damit einver-

standen erklären. Ich wünsche mir von ganzem Herzen, dass es ihr gelingen möge, mit mir über ihre Gefühle zu sprechen.

Ich liebe sie – immer noch!

Auch wenn ich vor langer Zeit „Fehler" gemacht habe, um den Unterschied zwischen Sexualität und Liebe überhaupt erfahren zu können, hoffe ich, dass sie mir eines Tages verzeihen kann, dass sie versteht, dass ich ohne diese „Fehler" niemals in der Lage gewesen wäre, zu wissen, ob ich fähig bin, jemanden wirklich zu lieben. Die weisen Sprüche: „Reden ist Silber. Schweigen ist Gold" und „Die Sonne bringt es an den Tag", haben seit ein paar Jahren eine ganz besondere Bedeutung für mich bekommen. Heute bin ich bereit, mein Leben so anzunehmen, wie es zu mir kommt und lerne langsam, mein Leben in Eigenverantwortung zu gestalten. Eine für mich bis vor Kurzem unbekannte Art zu leben. Bisher hatte ich mein Leben immer nach anderen ausgerichtet oder mich von ihnen formen und verbiegen lassen.

Einige Lebensaufgaben habe ich inzwischen für mich klar erkannt. Ich muss lernen loszulassen und anzunehmen. Auch das erfahren und leben von Lebensfreude und Harmonie zählen zu meinen erkannten Zielen.

Es ist 05:55 Uhr, als ich erneut aufwache. Meine Gedanken kreisen um die Frage, ob ich hier bleiben oder mich auf den Heimweg machen soll. Der Winter rückt unaufhaltsam näher. Die Temperaturen sinken. Die Tage werden kürzer, sind nur noch ca. acht Stunden lang hell. Trampen wird dadurch schwieriger werden. Aber hier ist so viel, was ich tun kann. Soll ich vielleicht sogar meinen Zahnarzttermin am 26. November und meinen Termin bei meiner Vitametikerin am 27. November absagen, überlege ich. Spätestens am Montag werde ich eine Entscheidung treffen müssen.

Um 07:00 Uhr sitze ich in der Küche. Mein Frühstück besteht erneut aus zwei Tassen Tee von Cinderella und drei kleinen Schnitten Graubrot mit Marmelade, ebenfalls von Cinderella. Die Scheiben Brot erhalte ich von meinen „Gemeinschaftsstiftern", da mein Brotvorrat erschöpft ist. Mein gesamter Vorrat besteht nur noch aus drei Teebeuteln und etwas Marmelade.

Tagelang haben wir die Sonne nun schon nicht mehr gesehen, da es ständig neblig oder vollständig bewölkt ist. Heute jedoch ist es klar und die Sonne schenkt uns um 07:25 Uhr einen wunderschönen Sonnenaufgang mit herrlichem Morgenrot. Um 08:00 Uhr beginne ich am Westeingang damit, das Unkraut, womit Alice und ihr Freund ja bereits begonnen hatten, zu entfernen. Um 11:00 Uhr läuft Gerd an mir vorbei zum Graben, um dort den Mauerdurchbruch für die Wasserleitung in einen Verteilerschacht zu bohren. Nach zwei Stunden ist er damit fertig. Es ist also schon 13:00 Uhr, als wir beschließen, eine Mittagspause einzulegen. Die Sonne scheint den ganzen Tag und hat die Temperatur auf angenehme 11° erhöht. Ich bin mit dem Westeingang zur Hälfte fertig.

Kaum sind wir in der Küche angelangt, klingelt mein Handy. Alice ist dran, um mich und Gerd zum Schwimmbadbesuch bzw. zur Sauna abzuholen. Gerd besorgt mir, aufmerksam wie er ist, schnell eine seiner Badehosen. Ansonsten hätte ich in einer meiner Boxershorts ins Schwimmbad gehen müssen. Ich greife mir das Badetuch, das ich mir von Alice bereits zum Duschen ausgeliehen hatte und laufe zum Westeingang. Als ich dort ankomme, fährt Eike auch schon mit seinem Auto vor. Sein Sohn Hauke sitzt ebenfalls im Auto und natürlich Alice. Gerd hat sich entschlossen doch nicht mit uns zu kommen, sondern sich lieber in die Sonne zu setzen und diese zu genießen. So fahren wir nur zu viert. Ich freue mich darauf, endlich mal wieder durch und durch warm zu werden, sauber und entspannt. Wir fahren jedoch nicht, wie geplant nach Thale, sondern nach Stolberg. In Thale gibt es kein Kinderspielparadies für Hauke. An der Kasse überrascht uns Eike und lädt uns alle auf seine Kosten ins Schwimmbad ein. Der Preis für den Besuch des Schwimmbades beinhaltet hier automatisch die Berechtigung, auch die Sauna nutzen zu können. Ungewöhnlich für mich. Er bemerkt, dass er seine Badehose vergessen hat und ist gezwungen, sich eine zu kaufen. Eike bleibt mit Hauke im Kinderspielparadies, während Alice und ich in die Sauna gehen. Das Schwimmbad und die Sauna sind in gutem Zustand und ein Luxus auf meiner Reise. Nachdem wir zwei Saunagänge mit Ruhephasen hinter uns haben, gehen wir zu Eike und Hauke ins

Kinderspielparadies, wo Hauke immer noch begeistert auf den Auslöser einer Kinderdusche drückt. Wir bieten Eike an, nun auf Hauke aufzupassen, damit auch er sich einen entspannenden Saunagang gönnen kann. Er aber lehnt unser Angebot ab. Er kann noch nicht loslassen. Deshalb beschließen wir, dann doch einen dritten Saunagang zu machen. Die Zeit dafür reicht noch. Nach dem Schwimmbad- bzw. Saunabesuch fahren wir zunächst nach Mägdesprung.

Hier hat Eike ein Haus gekauft, was er nun renoviert und in dem er heute mit Alice Bretter für einen Lattenrost für ein Bett zurecht sägen will. „Das Haus ist ca. 30 Meter lang und komplett aus aufeinander gestapelten Schiefertafeln mit etwas Mörtel dazwischen gebaut. Es ist etwa 150 Jahre alt und könnte von Hand abgetragen und genauso wieder an anderer Stelle aufgebaut werden", erklärt mir Eike stolz. Da es im Haus bereits total dunkel ist, kann er die Säge nicht finden und so kommen sie unverrichteter Dinge nach kurzer Zeit wieder zum Fahrzeug zurück, in dem ich so lange mit Hauke, der während der Fahrt eingeschlafen war, gewartet habe.

Sie bringen ein Paket Nudeln und Chili con carne mit, das Eike bereits vorbereitet hat. Wir haben jetzt alle Hunger und wollen gerne gemeinsam in der Klinikküche essen. Während der Fahrt berichtet Eike von seinen Erlebnissen auf seinen Wanderungen. Er ist begeisterter Wanderer und freut sich über meine Unternehmung. Gerd hat schon gegessen, als wir in der Küche ankommen und lässt uns allein. Bis auf ein paar Nudeln essen wir alles auf.

Tina, die Tochter meines Freundes Claus, hat mir eine SMS geschickt und mich um eine Rückmeldung gebeten, da sie sich so langsam Sorgen um mich macht. Ich solle ihr wenigstens einen Smiley senden, damit sie weiß, dass es mir gut geht. Meinem Freund Claus hatte ich auf Nachrichten nicht geantwortet. Bei Tina kann ich das nicht machen. So antworte ich ihr in einer kurzen SMS, dass es mir gut geht und ich am 25. November wieder nach Hause zurückkehre und sie sich doch bitte um mich keine Sorgen machen soll.

Nun ist meine Entscheidung also gefallen.

Eike, Hauke und Alice fahren nach dem Essen wieder. Eike bedankt sich beim Abschied noch einmal ausdrücklich bei mir dafür, dass er mich kennenlernen durfte. Seinen Dank nehme ich mit Freude an. In den vergangenen drei Wochen habe ich selber so oft und intensiv diesen Dank gefühlt und auch ausgesprochen. Nun empfange ich selber Dank. Das fühlt sich so schön an! „Ich würde mich freuen, wenn du hier mit in unsere Gemeinschaft einziehen würdest", sagt Alice zu mir. Ich erfahre Herzlichkeit, die mir von fast völlig fremden Menschen entgegen gebracht wird. Etwas Ungewöhnliches für mich – zumindest in dieser Intensität. Wir umarmen uns zum Abschied. Ich mache den Abwasch und krieche dann sofort in meinen Schlafsack.

Sonntag, 23. November 2014 (20. Tag)

Die Nacht ist sternenklar. Von hier aus kann man unzählige Sterne sehen. Viel mehr Sterne, als ich es vom Niederrhein gewohnt bin, scheint es mir. Um 06:40 Uhr stehe ich auf. Ich nehme meine Umhängetasche, in der ich alle Bücher, die ich während meiner Wanderschaft geschenkt bekommen habe, transportiere und gehe damit in die Küche. Heute ist Sonntag und ich beschließe, einen Ruhetag einzulegen. Diesen Tag möchte ich gern mit Lesen und Ausruhen verbringen. Der Himmel ist klar und die Sonne beginnt sich schon am Horizont anzukündigen. Es wird heute wohl ein ebenso schöner Sonnentag werden wie gestern. Ich überlege, auch einen ausgedehnten Spaziergang durch den Wald und in die Stadt Harzgerode zu unternehmen. Da ich noch eine Pfandflasche und zwei Pfanddosen in meiner Jutetasche habe, könnte ich versuchen, diese gleichzeitig einzutauschen und bräuchte sie am Dienstag, wenn ich nach Hause fahre nicht mehr mit mir herumzutragen. Alle Fragen, die ich mir vor der Reise gestellt hatte, habe ich beantwortet bekommen. Daher beschließe ich, am Montag den Westeingang fertig zu machen und dann am Dienstag, entweder über eine Mitfahrzentrale oder mit Bus und Bahn, nach Hause zu fahren. Ich trinke in der Küche eine Tasse Tee, von meinen auf meiner Wanderschaft gefundenen Beuteln „Persischer Apfeltee". Ich besitze jetzt nur noch einen letzten Teebeutel „Himmelzauber" von Cinderella. Um 07:20 Uhr kommt Gerd in die Küche, bereitet sich einen Kaffee und dann auf das Sonnenritual vor. Ich lege ihm einen Zettel mit meiner Handynummer auf den Küchentisch. Um 09:30 Uhr, nachdem ich bereits etwas im Buch von Heidemarie Schwermer gelesen habe, breche ich auf und laufe in Richtung Harzgerode. In Höhe der Schrebergärten entdecke ich ein Fahrrad mit Blumen, welches dort liebevoll aufgestellt wurde. Es ist mir auf meinem Hinweg zur Klinik nicht aufgefallen. Auf der gegenüberliegenden Straßenseite wurde eine Allee aus jungen Haselnussbäumen neu gepflanzt, die jedoch noch keine Früchte tragen. Kurz vor dem Ortseingang von Harzgerode stehen zwei ganz alte Haselnussbäume. Unter ihnen liegen jede Menge Nüsse, die ich aufsammle, um sie später den anderen anbieten zu können.

Gerd schickt mir seine Handynummer auf mein Handy, für alle Fälle.

An der Tankstelle lehnt die Kassiererin die Annahme meiner Dosen und Flaschen ab. Selbst die „ganz normale" grüne Wasserflasche aus Glas. Schade. So wandere ich also wieder langsam zurück und genieße die herrliche Sonne. Ich kann dabei sogar mit geöffneter Jacke laufen, so warm ist mir geworden. Auf dem Rückweg komme ich am Bahnhof vorbei und schaue mir die Busfahrpläne an. Am Dienstag fährt der erste Linienbus um 05:35 Uhr nach Quedlinburg. Von dort kann ich dann sicherlich mit der Bahn weiter nach Hause fahren. Um 12:00 Uhr komme ich wieder in der Klinik an und packe meine Ha-

selnüsse aus. Gerd holt mir sofort einen Nuss-
knacker aus seinem Wohnmobil. Es gibt wohl
nichts, was er dort nicht hat. Nach zweieinhalb
Stunden sind alle Nüsse geknackt, geschält und
halbiert. Reine weiße Haselnusshälften. Damit
habe ich eine kleine Schale voll für das gemeinsame Abendessen als meine Beigabe vorbereitet. Im Hinblick auf die lange Vorbereitungszeit
dafür, werde ich die nächsten Erdnüsse aus der
Dose wohl anders essen und genießen, geht es
mir durch den Kopf. Heute Morgen hatte ich ja
schon begonnen, im Buch von Heidemarie
Schwermer: Das Sterntalerexperiment II zu lesen. Jetzt um 15:00 Uhr lese ich weiter darin.
Heute Morgen konnte ich mich auf den gelese-
nen dreißig Seiten sehr gut wiederfinden. Nun
ab Seite 31 geht es um die von ihr ins Leben ge-
rufenen Tauschringe. Etwas, was ich mir in Kleve, wenn ich wieder zurück bin, auch mal aus
der Nähe ansehen möchte. Ich habe schon einmal von einem Tauschring gehört, der sich in
Kleve im Kolpinghaus trifft, weiß aber nicht, ob
er noch existiert. Ich werde Georg Hiob, der im
Kolpinghaus für die Organisation zuständig ist,
mal danach befragen. „Keine Ahnung, warum
ich erst heute dazu komme, mit dem Lesen des
Buches von Heidemarie zu beginnen, wo ich es
doch schon Tage lang bei mir trage", rede ich
mit mir selbst. „Wirklich keine Ahnung?", höre
ich meine innere Stimme sagen. Doch! Ich ahne,
dass ich zunächst meine eigenen Erfahrungen
machen musste, bevor ich durch Heidemaries
Buch und ihre darin festgehaltenen Erlebnisse

bestätigt bekomme, was mich meine eigenen Erfahrungen nun gelehrt haben. Als ich bis Seite 48 gelesen habe kommt Gerd und wir verabschieden die Sonne um 16:09 Uhr. Auch unsere Hauskatze lässt es sich nicht nehmen, die Sonne gebührend zu verabschieden. Alice kommt und wir machen uns das Gemüse vom Vortag warm und essen gemeinsam. Anschließend lese ich erneut im Buch von Heidemarie weiter und kann nun das darin Beschriebene so gut nachfühlen. Ihr Résumé auf den Seiten 126, 127 und 128 beeindruckt mich in seiner Klarheit und Übereinstimmung. Irgendwann fällt mir auf, dass ich hier in der Heilklinik keinen Fernseher entdeckt habe. Während meiner ganzen drei Wochen Wanderschaft habe ich nur an dem einen Abend bei Anja einen Fernseher gesehen. Ich habe ihn während der ganzen Zeit nicht vermisst, fällt mir auf. Ich gehe zu Bett, während Alice, wie gewohnt, noch bis in die Nacht hinein lernt und am Laptop arbeitet.

Montag, 24. November 2014 (21. Tag)

Eigentlich wollte ich heute Morgen den Rest des Westeingangs reinigen. Es hat aber angefangen, stark zu regnen. Wir beschließen daher, nach dem Sonnenritual erst einmal gemeinsam zu frühstücken. Ich lese in Heidemaries Buch weiter und bin auf Seite 138, als der Regen aufhört. Bei Gerd ist die Stimmung heute nicht besonders gut, da er im internen Chat gelesen hat, dass die Grunderwerbssteuer an das Finanzamt überwiesen werden muss, die die Verantwortlichen „vergessen" haben, einzuplanen.
Der Ideen-Gesamtplan hängt in der Küche aus. Von 09:30 Uhr bis 10:00 Uhr kann ich wieder weiter arbeiten. Dann regnet es erneut und ich beschließe über einen neu entdeckten Treppenaufgang bis ganz nach oben unters Dachgewölbe zu gehen. Mit genügend finanziellen Mitteln und vor allem genügend Personen, die bereit sind, tatkräftig mit anzupacken, lässt sich hier so viel Neues gestalten! Ich mache einige Fotos von dem Dachgewölbe. Da es weiterhin regnet, lese ich bis 11:00 Uhr das Buch von Heidemarie komplett aus. Ein Buch in nur zwei Tagen komplett zu lesen, bedeutet bei mir schon etwas. Ein solches Buch muss mich wirklich interessieren, packen. Normalerweise muss ich mich durch ein Buch hindurch quälen, wenn ich es überhaupt bis zum Ende lese. Heidemarie schildert in ihrem Buch ähnliche Erlebnisse und Empfindungen, wie auch ich sie erleben und in diesem Buch festhalten durfte. Um 11:00 Uhr gehe ich

wieder an die Arbeit. Um 12:00 Uhr kommen Gerd und Alice zu mir, um mit mir das Mittags-Meeting zu halten. Bei diesem letzten Mal spreche ich aus, was ich bei den vorherigen Malen empfunden habe. Ich hatte, wenn wir so zusammenstanden, das Gefühl, dass sich zwischen unseren Herzen eine Art energetisches Dreieck bildete, was ausgeglichen auf einer horizontalen Ebene schwang. Heute jedoch nehme ich dieses energetische Dreieck in verbogener Form wahr und spreche auch dieses aus, obwohl ich mir diesen Unterschied selbst nicht erklären kann. Da eröffnet uns Gerd, dass er sich momentan von Alice genervt fühlen würde, da sie überall helfen wolle, auch, wo sie nicht helfen könne. Er brauche für seine Arbeiten vielleicht länger als andere, schaffe sie aber schon irgendwie – auch alleine. Es folgt eine kurze Aussprache zwischen den beiden. Anschließend suchen beide für sich einen Platz der Ruhe und Besinnung auf. Als wir uns später wieder in der Küche treffen, ist die Energie wieder ausgeglichen.

Um 14:30 Uhr bin ich mit dem Westeingang fertig. Ich mache noch schnell ein Foto und ab geht's in die Küche zum Aufwärmen und Ausruhen. Die ganzen Arbeiten habe ich mit dem Schaber mit dem halben Stiel durchgeführt, da ich den Stiel immer noch nicht gewechselt bekommen habe. Als ich in die Küche komme, arbeitet Alice am Laptop und Gerd macht Pause. Er hat heute Morgen alle Baumstümpfe, Wurzeln und Sträucher mit dem Bagger zur Lagerfeuerstätte gefahren. Im Kühlschrank finden wir einen koreanischen Pfannkuchenteig, dessen Haltbarkeitsdatum bereits drei Jahre lang abgelaufen ist. Die Zubereitungsanleitung in koreanischer Schrift kann leider niemand von uns lesen und der Abbildung können wir lediglich entnehmen, dass man dem Teig Flüssigkeit zuführen muss. Wir schnibbeln gemeinsam das Gemüse. Wir haben Kohlrabi, Radieschen, Cherrytomaten, Paprika, Lauchzwiebeln und auch etwas Blutwurst. Alles wird gedünstet bzw. gebraten und auch die Pfannkuchen gelingen. Wir wechseln uns beim Pfannkuchen backen und Essen ab. Jeder belegt sich seinen Pfannkuchen mit den verschiedenen Zutaten, die zur Auswahl stehen, je nach Geschmack. Alice ist eine Fleischesserin. Selbst Gerd macht eine Ausnahme und isst mit uns. Allen schmeckt es und alle werden satt. Nach dem Essen setzen Alice und ich uns zusammen, um meine Rückreise zu planen. Im Internet recherchiert sie die Möglichkeiten der Mitfahrzentralen. Sie findet jedoch nur Teilstrecken. Dies ist mir jedoch zu unsicher, da ich wirklich nur den Dienstag Zeit habe, um auch wirklich zu Hause anzukommen. Somit sucht sie mir schließlich eine geeignete Bus- und Bahnverbindung heraus, mit der ich am Dienstag gegen ca. 16 Uhr wieder zu Hause sein werde. Die Fahrkarte kann sie online bestellen und über einen Drucker von Bernd, der hier in der Klinik steht, ausdrucken. Der Fahrpreis ermäßigt sich dadurch für mich deutlich. Sie übernimmt die Kosten zunächst für mich. Ich erstatte ihr die

Fahrtkosten später und spende 40 € für die günstiger erworbene Fahrkarte in die Gemeinschaftskasse für Nahrungsmittel.

Nach drei Wochen schließe ich mein Experiment: „1 MONAT DEUTSCHLAND OHNE GELD – EGAL WOHIN" ab. Alle Fragen wurden mir beantwortet. Viele Erfahrungen durfte ich machen. Es wäre für mich kein Problem gewesen, auch über einen längeren Zeitraum als einen Monat in Deutschland ohne Geld zu leben bzw. zu überleben.

Alice geht um 19:00 Uhr zur Chorprobe nach Neudorf. Da ich um 05:30 Uhr aufstehen will, um meinen Bus, der um 07:10 Uhr fährt, auch sicher zu erreichen, gehe ich schon um 19:15 Uhr zu Bett. Von der Heilklinik benötige ich mit Gepäck ca. 40 Minuten bis zur Bushaltestelle. Um diese Zeit wird es aber noch sehr dunkel sein und an der Straße ist kein Fuß- oder Radweg, auf dem ich laufen kann. Immer öfter denke ich an Zuhause. Wird dort alles in Ordnung sein? Gibt es Veränderungen? In mir hat sich in den vergangenen drei Wochen jedenfalls Vieles verändert.

Dienstag, 25. November 2014 (22. Tag)

Nachdem ich das Gefühl habe, schon stunden-
lang wach gelegen zu haben, stehe ich um 05:25
Uhr auf. Bereits um 03:30 Uhr war ich kurz aufgestanden und hatte auf die Uhr gesehen. Den
Wecker in meinem Handy hatte ich auf 05:30 Uhr
eingestellt. Ich mache mich leise fertig und packe meine Sachen. Alice wird dadurch wach. Wir
verabschieden uns. Ich gehe durch den Flur, an
Gerds Zimmer vorbei. Gerne hätte ich mich auch
von Gerd noch verabschiedet, möchte ihn aber
nicht extra wecken. Beim Durchqueren der en-
gen Flurtür stoße ich mit meinem querhängen-
den Zelt an den Türrahmen. Ich gehe weiter.
Plötzlich höre ich Schritte hinter mir. Es ist
Gerd. Er hat mich wohl gehört, ist vielleicht
durch mein Zelt geweckt worden. Er hat es sich
nicht nehmen lassen, sofort aufzustehen, in seinen dünnen Klamotten auf den kalten Flur hin-
auszutreten, um mich zu verabschieden. Wir
umarmen und verabschieden uns herzlich. Dann
geht es für mich hinaus in die Dunkelheit. Der
Himmel war in dieser Nacht erneut sternenklar
und es hat abermals Bodenfrost gegeben. Die
Fahrzeuge am Straßenrand sind zugefroren. Mit
der eingeschalteten Stirnlampe von Claus laufe
ich auf der linken Straßenseite den Fahrzeugen
entgegen in Richtung Harzgerode. Bereits um
06:20 Uhr erreiche ich die Bushaltestelle am
Bahnhof. Mein Bus fährt entsprechend meiner
ausgedruckten Fahrkarte erst um 07:10 Uhr.
Laut Fahrplan fährt allerdings auch schon ein

Bus um 06:40 Uhr. Ob ich wohl auch diesen Bus nehmen kann? Der Busfahrer ist bereit, mich mitzunehmen, akzeptiert jedoch nicht die von mir vorgelegte Fahrkarte. „Die Fahrkarte würde ich aber auch um 07:10 Uhr nicht akzeptieren. Die Bahn bietet diesen Bus zwar auf ihren Fahrkarten an, unser Busunternehmen hat aber mit der Bahn nichts zu tun", erklärt er mir. Ich muss daher den Fahrpreis von 4,10 € in jedem Fall bezahlen. „Die Welt des Gel-des" hat mich eingeholt. Ich bezahle also den Fahrpreis für den Bus von meinem Notgroschen und werde bis zum Bahnhof nach Quedlinburg mitgenommen. Dort habe ich eine Stunde Wartezeit, bis der Zug abfährt. Immer wieder und immer öfter tauchen Bilder in mir auf, bei denen ich nach Hause in ein leeres Haus zurückkehre. Bei einer Rückführung in ein früheres Leben hatte ich ähnliche Bilder. Damals spielte sich die Szenerie jedoch in einer Zeit vor einigen hundert Jahren ab. Jetzt sind die Bilder neuzeitlich und ich weiß nicht recht, wie ich damit umgehen soll. Ängste, Gefühle des verlassen werden, verlassen sein, ungeliebt sein, von Einsamkeit und Leere tauchen in mir auf. „Ansehen oder verdrängen", frage ich mich. Ich entscheide mich fürs ansehen, was mir jedoch einfach nicht gelingen will. Ich werde es wohl zu einem späteren Zeitpunkt nochmals probieren müssen.

Die Bahn ist pünktlich. Ich sitze im Zug und fahre nach Hause.

Mehrfach muss ich umsteigen, erreiche die Anschlusszüge aber problemlos. Die Züge haben maximal 5 Minuten Verspätung. Um 11:08 Uhr erreicht mich eine SMS meines Bruders Martin, der mir schreibt, dass ich, falls ich nun auf meinem Heimweg bin, gerne nochmals für eine Nacht bei ihm schlafen kann. Das er an mich denkt, gerade jetzt. Zufall? Beim Umsteigen in den ICE fällt mir auf, dass der Zug zwei verschiedene Nummern hat und in Hamm, so sagt mir der Fahrplan, geteilt wird. Gut, dass ich ihn in aller Ruhe gelesen habe. Ich wäre ansonsten in die falsche Hälfte des Zuges eingestiegen. In Krefeld müssen alle Fahrgäste, die in Richtung Kleve wollen, kurzfristig das Gleis wechseln. Alle rennen die Treppe hinunter und auf der anderen Seite wieder hinauf. Ich laufe in aller Ruhe. Alles klappt reibungslos. Selbst als ich in Kleve am Bahnhof ankomme und mich nach dem Bus zur Haltestelle kurz vor meinem Haus erkundige, scheint der Bus extra bis zu meinem Einsteigen auf mich zu warten. Zuhause werde ich von meiner überraschten Tochter Sarah in Empfang genommen, die ihrerseits die Benachrichtigung meiner restlichen Familie übernimmt. Ich bin glücklich, wieder zu Hause zu sein. Die Sonne geht unter, als ich Zuhause ankomme.
Am folgenden Tag gehe ich los, um meine noch nicht eingelösten Pfandflaschen in Kleve einzutauschen. Ich erhalte ohne Probleme weitere 0,89 € für die Spendendose von pro dogbo.

Zufälle:

Was sind Zufälle für mich?
Zufälle sind für mich Dinge und Ereignisse, die mir
nicht unerwartet zufallen, sondern meine vom
Schicksal realisierten, manifestierten Gedanken,
Wünsche und Gefühle.

Danksagung:

Ich danke allen Engeln, die mir während dieser drei
Wochen gezeigt haben, wie Leben funktioniert und
ich hoffe, dass ich keinen von ihnen übersehen oder
gar vergessen habe. Wenn doch, so mögen sie mir
bitte verzeihen.
Ich bin, der ich bin.

Nachwort:

Die Liebe sieht keine „Schuld"
und braucht deshalb nicht zu vergeben.
Die Liebe sieht keine „Fehler"
und braucht deshalb nicht zu verzeihen.
Die Liebe sieht keine „Mängel"
und braucht deshalb nicht zu verstehen.
Die Liebe sieht deine Gefühle
und braucht deshalb „nur" zu lieben.

Spendenkonten von pro dogbo e.V.:

Sparkasse Kleve
Konto: 526 1250 BLZ: 324 500 00
IBAN: DE 59 3245 0000 0005 2612 50
SWIFT-BIC: WELADED1KLE

Sparkasse Westmünsterland
Konto: 3515 7007 BLZ: 401 545 30
IBAN: DE 28 4015 4530 0035 1570 07
SWIFT-BIC: WELADE3WXXX

Volksbank an der Niers
Konto: 46 0511 6014 BLZ: 320 613 84
IBAN: DE 70 3206 1384 4605 1160 14
SWIFT-BIC: GENODED1GDL

1.   Auflage

© 2015 J. C. Konigorski

Herausgeber: J. C. Konigorski
Satz und Layout: J. C. Konigorski
Fotos: J. C. Konigorski

Herstellung und Verlag:
BoD – Books on Demand, Norderstedt.

ISBN: 9783739213729